清學集林

蔣鵬翔 沈楠 編

詩經小學二種

上

〔清〕段玉裁 撰

廣西師範大學出版社
GUANGXI NORMAL UNIVERSITY PRESS
·桂林·

Shijing Xiaoxue Er Zhong

出 品 人：賓長初
策劃編輯：馬豔超
責任編輯：馬豔超
助理編輯：楊蕙瑜
責任校對：肖承清
責任技編：郭　鵬
書籍設計：楊　威

圖書在版編目（CIP）數據

詩經小學二種：全 2 册 /（清）段玉裁撰．—桂林：廣西師範大學出版社，2019.1
（清學集林 / 蔣鵬翔，沈楠主編）
ISBN 978-7-5598-1440-1

Ⅰ．①詩…　Ⅱ．①段…　Ⅲ．①《詩經》—詩歌研究　Ⅳ．①I207.222

中國版本圖書館 CIP 數據核字（2018）第 271134 號

廣西師範大學出版社出版發行
（廣西桂林市五里店路 9 號　郵政編碼：541004
網址：http://www.bbtpress.com）
出版人：張藝兵
全國新華書店經銷
廣西民族印刷包裝集團有限公司印刷
（南寧市高新區高新三路 1 號　郵政編碼：530007）
開本：880 mm × 1 240 mm　1/32
印張：26.5　　字數：124 千字
2019 年 1 月第 1 版　　2019 年 1 月第 1 次印刷
定價：398. 00 元（全二册）

清學集林編印委員會

影印説明

詩經小學，清段玉裁撰。三十卷本據清道光五年（一八二五）抱經堂刻本影印，四卷本據清嘉慶二年（一七九七）臧氏拜經堂叢書本影印。

段玉裁，字若膺，曾字喬林，又字淳甫，號懋堂，晚年號硯北居士、長塘湖居士、僑吳老人，江蘇金壇人，生於清雍正十三年（一七三五）。乾隆二十五年（一七六〇）中鄉試，二十六年（一七六一）春在京會試不第，以舉人教習景山萬善殿官學。二十八年（一七六三）春戴東原在京會試不第，居新安會館，懋堂等往從講學，是爲二人初次見面。後東原南歸，懋堂以札問安，自稱弟子。三十五年（一七七〇）吏部銓授貴州玉屏知縣。三十七年（一七七二）發調四川候補。三十八年（一七七三）任富順知縣，其間清廷正征討大小金川，公事繁冗，每每處理公務至深夜，復置燈籠，改訂文稿。四十三年（一七七八）任巫山知縣。四十五年（一七八〇），以父年逾古稀，請奉養，因未合例，乃遭駁回，遂稱疾致仕，卜居蘇州楓橋，潛心讀書著述，時年四十六歲。五十四年（一七八九）避難入都，晤王懷祖，商討音韻訓詁之學，頗爲契合。五十七年（一七九二），移居蘇州閶門外之枝園，始注説文。五十九年（一七九四）四月，不幸跌壞右足，其後身體每況愈下。嘉慶十二年（一八〇七），凝聚其畢生心血的巨著説文解字注完稿。二十年（一八一五）五月説文解字注全書刻成。九月八日，懋堂去世，卒年八十有一。

懋堂一生著述宏富，遍涉群經，據劉盼遂段玉裁先生年譜之先生著述考略記載，其已付梓之著作計有古文尚書撰異、毛詩故訓傳定本小箋、詩經小學、周禮漢讀考、儀禮漢讀考、釋拜、春秋左氏古經、説文解字注、汲古閣説文訂、六書音韻表、經韻樓集。其手批校訂之古籍，見於文獻者亦有毛詩、周禮、儀禮、禮記、公羊傳、穀梁傳、方言、一切經音義、廣韻、集韻、經典釋文、國語、列女傳、荀子等十餘種。

對詩經的研讀基本貫穿於懋堂的整個讀書生涯。乾隆二十五年（一七六〇），懋堂入京，館於錢東麓寓宅，得見顧亭林音學五書，驚其考據之博衍，始有意於音韻之學。二十八年（一七六三），得知江慎修有古韻標準一書，與顧氏少異。三十二年（一七六七）五月出京歸里，與弟玉成取毛詩細繹之，以爲顧、江二氏分韻有未盡，遂迻書詩經所用字，分十七部，撰成詩經均譜、群經韻譜各一帙，雖不過是按字歸類，但其後來關於詩經古韻的研究實肇基於此。三十四年（一七六九），懋堂入京，寓居法源寺旁之蓮花庵，從邵二雲借書以注釋詩經均譜、群經韻譜，每一書成，二雲即取寫其副，兩書至次年二月始定稿。四月，錢大昕爲其作序，以「圭臬」贊之。這兩部書被後世視作六書音韻表之嚆矢。

在潛心研究詩經十餘年後，懋堂於乾隆四十一年（一七七六）撰成詩經小學三十卷，這是其詩學的階段性成果之一。之所以稱爲階段性成果，是因爲此後他仍隨身携帶該書書稿，根據研讀所得隨時加以修訂。今傳三十卷本詩經小學中，不少經過訂正的條目都記録了日期，如「倚重較兮」條下云「庚子（一七八〇）正月定此條」；「昭茲來許繩其祖武」條下云「癸卯（一七八三）九月初六日識」；「哆兮侈兮」條下云「壬子（一七九二）七月閲臧氏琳經義雜記，因爲定説如此」。自乾隆五十七年起，懋堂的工作重心轉移到説文解字注的撰寫上，故詩經小學中未見五十七年以後的校訂記録。

詩經小學的三十卷本包括十五國風共十五卷，小雅七卷，大雅三卷，周頌三卷，魯頌、商頌各一卷。其條目有考訂一則綿延數葉者，亦有僅列異文不加詮釋者。懋堂根據具體情況，綜合利用版本、石刻、方言等材料，分析文字的正俗、假借、引申、演變等語言現象，對詩經的傳世文本（主要是毛詩）中存在的小學問題加以校訂，同時提出自己的見解。對暫時不能解決的問題則持闕疑的態度，以「俟考」「未詳」標識之。

乾隆五十六年（一七九一）秋七月，懋堂携古文尚書撰異自金壇至常州，屬臧在東爲其校讎，在東因參補條目若干。劉端臨謂懋堂曰：「錢少詹簽駁多非此書之旨，不若臧君箋記持論正合也。」與此同時，懋堂也將詩經小學三十卷之稿本授予在東。在東删繁纂要，將國風、小雅、大雅、頌各録成一卷，其本意只是爲了便於自覽，孰料懋堂見之，喜曰：「精華盡在此矣，當即以此付梓。」可見作者也認爲這個節録本保留了全書的精華，值得作爲定本刊行。受此鼓舞，在東便於嘉慶四年（一七九九）在廣東南海縣將詩經小學四卷本校刻付梓。有趣的是，四卷本刻成後不久，阮伯元召集學者編撰十三經注疏校勘記，其中毛詩注疏校勘記將詩經小學列入參考書目，所用版本却是尚未刊行的三十卷本，而非數年前付梓的四卷本，所引内容也確實多僅見於三十卷本。十三經注疏校勘記編撰工作的主持人正是段懋堂，且三十卷本當時僅有稿本，故毛詩注疏校勘記所用之三十卷本詩經小學必定是懋堂親授與經局使用的。雖然毛詩注疏校勘記的主體出自顧千里之手，但我們可以確定段懋堂曾審核原稿並多加批駁，所以傳世的毛詩注疏校勘記中常見校語前後矛盾的現象，其中也涉及詩經小學三十卷本所獨有的内容。由此似可推論：段懋堂主持編撰校勘記時用三十卷之稿本而不用四卷之刻本與司馬君實編修資治通鑑用舊唐書而不用新唐書，二者之心境有隱約相通之處。

四卷本在三十卷本的基礎上進行了大量的編輯改訂，包括統一出文格式、删減内容（尤其是僅列異文未加考訂者）、簡化引用書名、合併相關條目、增加在東按語（補正段説）等等，故其與三十卷本相比，用個人著述的標準來衡量的話，更爲規範而純粹，但從爲校勘毛詩注疏服務的角度來説，詳盡的異文記録（即使多見重複、未及詮解）却自有不可替代的價值，而這恰好是四卷本大量删節的内容。誠如懋堂在校勘記中所説：「詩經小學全書考『栗烈』當爲『溧冽』，其説甚詳，今坊間所行乃删本耳。」（「全書」即指三十卷本，「删本」指臧節本。）故編撰校勘記仍主要參考三十卷本，而非四卷本。

段氏著作如古文尚書撰異、詩經小學、儀禮漢讀考、説文解字注在撰成後都因爲財力窘迫，未能即時付梓，或有許諾助刊者，也大多不果，如説文解字注在嘉慶十二年（一八〇七）寫定後僅僅刻成兩卷，至嘉慶二十年（一八一五）才刻成全書。懋堂爲籌資刻書向友人求助之事，已見於其與王懷祖等往來之書信，而臧在東刻詩經小學時也説自己是「念十年知己之德，典裘以畀剞劂氏」，由此看來，小學所以首先刊刻節本，不僅是因其體例更爲純粹，節省雕版花銷也是重要原因之一。

詩經小學的成書，無論是對作者自身還是對同時期的其他學者都産生了巨大影響。就前者而言，懋堂此後的著作如毛詩故訓傳定本小箋、毛詩注疏校勘記、説文解字注無不常見詩經小學的痕迹。

毛詩故訓傳定本小箋成書晚於詩經小學兩年，其撰作之目的在於恢復漢書藝文志所載毛詩三十卷本的原貌，其實質就是以小學爲基礎進行發揮增補，同時也修訂了小學中的部分觀點。毛詩注疏校勘記中明確標識爲「詩經小學云」「詳詩經小學」「見詩經小學」的地方就不下四五十處，還有許多校記，雖然未注明出自詩經小學，其實考訂之語與小學全同，只是校文加上唐石經、宋小字本、相臺本相同等字樣而已（但這些文字是顧千里引之，還是段懋堂自引，現在已難完全分辨）。說文解字注與小學的關係尤爲密切，說文注中的許多考證與論點皆可在小學中找到其雛形，其校注說文之手法也與小學如出一轍而又更爲圓潤成熟。由此看來，稱小學爲段注之濫觴亦不爲過。

就後者而言，陳碩甫受小學影響至爲深刻。其詩毛氏傳疏之條例明言自嘉慶十七年（一八一二）開始爲毛詩作疏，在蘇州從學懋堂，獲益實多。從傳疏對小學的吸收與利用來看，這並不是客套話。懋堂、碩甫有師弟之承，學術立場也較爲接近，故傳疏中幾乎見不到駁正小學的文字。碩甫之外，其他學者對於小學的態度則較爲複雜。如胡墨莊作毛詩後箋，不像碩甫那樣唯毛傳是從，對小學的論點也會根據材料進行分析，其中不乏「段說非也」的判斷。王伯申經義述聞、李既汸詩經異文釋、馮雲伯三家詩異文疏證、陳樸園三家詩遺說考等著作同樣對小學論點的採用與批駁並存，但無論是用是駁，他們對小學的關注都是顯而易見的。

嘉慶四年（一七九九），臧在東刻成詩經小學四卷本。而三十卷之全本直到道光五年才由抱經堂刊刻行世，並被收入段氏後人編印的經韻樓叢書中，但這個三十卷本流傳不廣，至劉盼遂作段玉裁先生年譜時仍未獲觀，只能說「此不可復見矣」。道光六年（一八二六），阮伯元纂輯皇清經解，收録的依然是臧刻四卷本。持臧刻節本與抱經堂刻足本相校，前者並非後者所能完全覆蓋，則臧刻本雖係節録自三十卷之稿本，但在東所據之本恐與抱經堂所據不同，説詳本書所附虞萬里先生之段玉裁詩經小學研究。

詩經小學的臧刻本與抱經堂刻本都曾被影印出版過，前者如臺北藝文印書館一九七三年出版的拜經堂叢書本、上海書店出版社一九八八年出版的清經解本，後者如臺北大化書局一九七七年出版的段玉裁遺書本、江蘇人民出版社二〇一五年出版的段玉裁全書本，但對讀者來説仍有幾點缺憾：一是各自刊行，比讀不便；二是出版日久，購求匪易；三是納於叢書，價格偏高；四是底本不精，時有漫漶。今師顧堂本係據哈佛大學哈佛燕京圖書館、上海圖書館等處所藏原書編輯而成，於其模糊破損處亦用同版複本描潤修補（具體工作參見凡例），其內容之完整、版式之清爽、書影之清晰均勝舊製。前後處理編印歷時半載，費心實多。又蒙虞萬里先生首肯，將其研究詩經小學之舊作附於書後，俾讀者能洞悉懋堂撰著之意旨曲折。余自從事編印以來，尚未有機緣拜謁先生，而先生得知我輩傳古之宗旨，復撥冗爲本書題簽，賜下墨寶數紙以便揀選。師顧堂成立之初，余與同儕實乏經驗，前路茫茫，中心憒憒，但以功不唐捐互勉。今有古道熱腸獎掖後進如先生者，豈天意酬勤吾道不孤之謂與？欣然惕然，書此識之。

二〇一八年五月十日沈楠撰於重慶師顧堂

凡例

一　三十卷本據美國哈佛大學哈佛燕京圖書館藏本影印，底本漫漶有礙閲讀處，藉上海圖書館所藏同版印本描潤抽换，以中國國家圖書館藏本覆校，以免新增訛誤。

一　四卷本據上海圖書館藏本影印。

一　三十卷本付梓晚於四卷本，然其所據底本乃四卷本所自出，故本書編次仍以三十卷本居前，四卷本殿後。

一　本書目録係據三十卷本與四卷本合編而成。目録以三十卷本爲基礎，凡四卷本之相關條目皆附於三十卷本對應條目後，用小字低一格排印，庶便區分檢尋。

一　三十卷本與四卷本條目之名間有詳略、分合之别，今不求統一，皆從其舊。

一　三十卷本多用異體字，四卷本多改爲通行體。今編新目，凡條目之異體字與内容不相涉者皆改爲通行體。

目録

卷一　國風　周南

關雎

關關……五
雎……五
關關雎鳩〔五六七〕
在河之洲……五
在河之洲〔五六七〕
君子好逑……六
君子好逑〔五六七〕
參差荇菜……七
荇菜……七
輾轉……七
輾轉反側〔五六八〕
左右芼之……八
鐘鼓……八

葛覃

葛之覃兮……九
灌木……九
是刈是濩……九
服之無斁……一〇
服之無斁〔五六八〕
澣……一〇
薄澣我衣〔五六八〕
害澣害否……一〇
害澣害否〔五六九〕
歸寧父母……一一

卷耳

卷耳……一二
筐……一三
虺隤……一三
我姑酌彼金罍……一三

觩 …… 一三

砠 …… 一四

瘏痡 …… 一四

我馬瘏矣我僕痡矣〔五六九〕

云何吁矣 …… 一五

云何盱矣〔五六九〕

樛木

樛木 …… 一五

葛藟 …… 一五

葛藟纍之 …… 一六

葛藟縈之 …… 一七

螽斯

螽斯 …… 一七

螽斯羽〔五七〇〕

螽 …… 一七

詵詵 …… 一八

詵詵兮〔五七〇〕

薨薨 …… 一八

薨薨兮〔五七一〕

繩繩 …… 一九

繩繩兮〔五七一〕

揖揖 …… 一九

揖揖兮〔五七二〕

桃夭

桃之夭夭 …… 一九

蕡 …… 二〇

有蕡其實〔五七二〕

其葉蓁蓁 …… 二〇

兔罝

罝 …… 二〇

公侯干城 …… 二一

公侯干城〔五七二〕

逵 …… 二一

施于中逵〔五七二〕

芣苢

苢 …… 二三

襭 …… 二三

漢廣

不可休息 …… 二三

江之永矣 …… 二四

江之永矣〔五七三〕……………………………二五

秣

言秣其蔞〔五七四〕……………………………二五

言刈其駒……………………………………二五

汝墳

遵彼汝墳〔五七四〕……………………………二五

遵彼汝墳…………………………………二五

惄如調飢……………………………………二六

惄…………………………………………二七

飢…………………………………………二七

惄如調飢〔五七四〕……………………………二七

肆…………………………………………二七

棄…………………………………………二七

魴魚赬尾…………………………………二八

王室如燬…………………………………二八

王室如燬〔五七五〕……………………………二九

麟之趾

麟…………………………………………二九

趾…………………………………………二九

麟之定……………………………………二九

卷二　國風　召南

鵲巢

鵲…………………………………………三一

百兩御之〔五七五〕……………………………三一

御之………………………………………三一

維鳩方之〔五七五〕……………………………三一

方之………………………………………三一

采蘩

于沼于沚…………………………………三一

于沼于沚〔五七六〕……………………………三二

被…………………………………………三二

僮僮………………………………………三二

草蟲

草蟲………………………………………三三

阜螽………………………………………三三

覯止………………………………………三四

我心則夷…………………………………三四

采蘋

蘋…………………………………………三四

濱〔五七六〕……三四
南澗之濱〔五七六〕……三四
于以采藻……三五
于彼行潦〔五七六〕……三五
行潦……三五
于以湘之〔五七七〕……三五
維筐及筥……三五
維筐及筥〔五七七〕……三五
湘之〔五七七〕……三六
釜……三六
于以湘之〔五七七〕……三六
齊……三七
有齊季女〔五七七〕……三七
甘棠……三七
蔽芾……三七
勿翦……三七
勿翦勿伐〔五七八〕……三八
召伯所茇……三八
召伯所茇〔五七八〕……三八
憩……三八
勿翦勿拜……三八

召伯所説……三九
行露……三九
謂行多露……三九
羔羊……三九
素絲五紽〔五七九〕……三九
委蛇委蛇……三九
委蛇委蛇〔五七九〕……三九
殷其靁……四〇
殷其靁……四〇
殷其靁〔五八〇〕……四〇
遑……四〇
莫敢或遑〔五八〇〕……四〇
摽有梅……四一
摽……四一
梅……四一
摽有梅〔五八〇〕……四一
頃筐墍之……四二
謂……四二
迨其謂之〔五八一〕……四二

小星 .... 四二
寔 .... 四二
嘒 .... 四二

江有汜 .... 四三
江有汜 .... 四三
不我以 .... 四三
不我以〔五八一〕

野有死麕 .... 四四
白茅包之〔五八二〕
苞之 .... 四四
麕 .... 四四
脫脫 .... 四五
悅 .... 四五
吠 .... 四五

何彼襛矣 .... 四六
何彼襛矣 .... 四六
緆 .... 四六
維絲伊緡〔五八二〕

騶虞 .... 四六
騶虞 .... 四六

卷三 國風 邶

柏舟 .... 四九
如有隱憂 .... 四九
我心匪鑒〔五八二〕
匪鑒 .... 四九
威儀棣棣〔五八三〕
威儀棣棣 .... 四九
不可選也〔五八三〕
不可選也 .... 五〇
覯閔既多 .... 五〇
寤辟有摽 .... 五一
日居月諸 .... 五一
胡迭而微 .... 五二

綠衣 .... 五二
綠兮衣兮 .... 五二

燕燕 .... 五二
頏 .... 五三
仲氏任只 .... 五三
仲氏任只〔五八四〕

以勖寡人……五三

日月

報我不述……五四

終風

終風且暴……五四
願言則疐……五四
願言則嚔（五八四）
曀曀其陰……五六

擊鼓

擊鼓其鏜……五六
漕……五六
于嗟洵兮不我信兮……五七

凱風

凱風……五七
睍睆……五七

雄雉

伊……五八

匏有苦葉

匏有苦葉……五八
匏……五九
深則厲……五九
濟盈不濡軌……六〇
雝雝鳴鴈……六一
鴈……六二
雝雝鳴鴈（五八五）
旭日始旦……六二
泮……六二
迨冰未泮（五八六）

谷風

黽勉……六三
葑……六三
薄送我畿……六四
湜湜其沚……六五
沚……六六
不我屑以……六六
我躳不閱遑恤我後……六六
方之……六七
不我能慉……六七
不我能慉（五八六）
昔育恐育鞫……六八

鞠……六八
昔育恐育鞠〈五八七〉
御冬御窮……六九
亦以御冬〈五八七〉
肄……六九
既詒我肄〈五八八〉

式微

泥……六九
胡爲乎泥中〈五八八〉

旄丘

旄丘……七〇
狐裘蒙戎……七一
流離之子……七一

簡兮

簡兮簡兮……七一
碩人俁俁……七二
籥……七二
左手執籥〈五八八〉
苓……七二
隰有苓〈五八八〉

泉水

毖彼泉水……七三
毖彼泉水〈五八九〉
禰……七三
不瑕有害……七四
不瑕有害〈五八九〉
漕……七四

北門

室人交徧摧我……七四

北風

涼……七五
雱……七五
其虛其邪……七五

静女

静女其姝……七五
俟……七六
於城隅……七六
俟我於城隅〈五九〇〉
愛而不見……七六
愛而不見〈五九〇〉

搔首踟躕……七七
新臺
新臺有泚……七七
瀰……七八
河水瀰瀰（五九〇）
燕婉之求……七八
新臺有洒河水浼浼……七九
新臺有洒河水浼浼（五九一）
籧篨……七九
殄……七九
得此戚施……八〇
二子乘舟
景……八〇
卷四　國風　鄘
柏舟
髧彼兩髦……八一
我特……八一
牆有茨
牆有茨……八二
中冓之言……八二
不可襄也……八二
不可襄也（五九一）
不可詳也……八二
君子偕老
委委佗佗……八三
象服……八三
鬒髮如雲……八四
不屑髢也……八四
玉之瑱也……八四
皙……八四
瑳兮瑳兮……八五
是紲袢也……八六
展……八六
邦之媛也……八六
也……八六
其之翟也（五九二）
桑中
唐……八七
弋……八八

美孟弋矣（五九三）

鶉之奔奔

鶉之奔奔鵲之彊彊……八八
鶉……八八

定之方中

作于楚宮作于楚室……八九
作于楚宮（五九三）
栗……八九
椅……九〇
漆……九〇
終然允臧……九〇
靈雨既零……九一
靈雨既零（五九三）

蝃蝀

蝃蝀……九一
朝隮于西……九二

相鼠

胡不遄死……九二

載馳

蝱……九三
言采其蝱（五九三）

卷五　國風　衛

淇奥

瞻彼淇奥……九五
緑竹猗猗……九五
緑竹猗猗（五九四）
有匪君子……九七
有匪君子（五九五）
如切……九七
赫兮咺兮……九八
終不可諼兮……九八
青青……九八
緑竹青青（五九六）
充耳琇瑩……九九
會弁如星……九九
緑竹如簀……九九
緑竹如簀（五九六）
綽……一〇〇
倚重較兮……一〇〇

較……一〇一
考槃
考槃在澗……一〇一
碩人之薖……一〇二
碩人
軸……一〇二
碩人其頎……一〇三
衣錦褧衣……一〇三
譚公……
譚公維私〔五九六〕……一〇三
螓……一〇四
齒如瓠犀……一〇四
螓首蛾眉……一〇四
螓首蛾眉〔五九六〕……一〇四
巧笑倩兮美目盼兮……一〇六
盼……一〇六
說于農郊……一〇六
朱幩鑣鑣……一〇七
朱幩鑣鑣〔五九八〕……一〇七
翟茀以朝……一〇七

活活……一〇七
施罟濊濊……一〇八
鱣鮪發發……一〇八
庶姜孽孽……一〇八
庶姜孽孽〔五九八〕……
庶士有朅……一〇九
氓
氓……一〇九
頓丘……一〇九
體無咎言……一〇九
耽……一一〇
泮……一一〇
信誓旦旦……一一〇
竹竿
籊籊……一一〇
淇水滺滺……一一二
盼……一一二
遠兄弟父母……一一二
淇水滺滺〔五九九〕……
檜
淇水浟浟……一一三

芄蘭
芄蘭之支……一一三
能……一一三
容兮遂兮……一一三
容兮遂兮〔五九九〕
河廣
一葦杭之……一一四
一葦杭之〔六〇〇〕
跂予望之……一一四
刀……一一四
曾不容刀〔六〇〇〕
伯兮
伯兮朅兮……一一五
伯兮朅兮〔六〇〇〕
焉得諼草……一一五
有狐
綏綏……一一六
厲……一一六
木瓜
瓊……一一六

卷六 國風 王
黍離
彼黍離離……一一七
彼黍離離〔六〇〇〕
中心搖搖……一一七
穗……一一八
君子于役
羊牛下來……一一八
桀……一一八
君子陽陽
翿……一一九
揚之水
彼其之子……一一九
許……一一九
不與我戍許〔六〇一〕
中谷有蓷
暵其乾矣……一一九
歗……一二〇

兔爰	一二〇
雉離于罿	一二〇
葛藟	
渧	一二〇
大車	
大車檻檻	一二一
菼	一二一
毳衣如菼	一二一
大車啍啍	一二二
毳衣如璊	一二二
丘中有麻	
將其來施施	一二二
卷七 國風 鄭	
緇衣	
粲	一二三
還予授子之粲兮〔六〇一〕	一二三
大叔于田	
叔于田	一二三
烈	一二四

具	一二四
火烈具舉〔六〇一〕	一二四
禪	一二四
兩服上襄	一二四
鴇	一二五
掤	一二五
抑釋掤忌〔六〇二〕	一二五
鬯	一二六
抑鬯弓忌〔六〇二〕	一二六
清人	
旁旁	一二六
喬	一二六
二矛重喬〔六〇二〕	一二六
逍遥	一二六
河上乎逍遥〔六〇二〕	一二七
羔裘	
左旋右抽	一二七
舍命不渝	一二八
舍命不渝〔六〇四〕	一二八
彼其之子	一二八

彼其之子〔六〇三〕

遵大路

摻 …… 一二九

摻執子之袪兮〔六〇四〕

故也好也 …… 一二九

無我魗兮 …… 一二九

女曰雞鳴

襍佩以贈之 …… 一三〇

雜佩以贈之〔六〇四〕

有女同車

舜 …… 一三〇

颜如舜華〔六〇五〕

將將 …… 一三一

山有扶蘇

扶蘇 …… 一三一

山有扶蘇〔六〇五〕

橋松 …… 一三一

山有橋松〔六〇五〕

蘀兮

風其漂女 …… 一三二

褰裳

溱 …… 一三三

褰裳涉溱〔六〇五〕

狂童 …… 一三四

丰

丰 …… 一三四

俟我乎堂兮 …… 一三四

衣錦褧衣裳錦褧裳 …… 一三五

東門之墠

東門之壇 …… 一三五

茹藘 …… 一三六

風雨

風雨凄凄 …… 一三六

瀟瀟 …… 一三六

風雨瀟瀟〔六〇七〕

雞鳴膠膠 …… 一三八

子衿

衿 …… 一三八

子寧不嗣音 …… 一三八

挑兮達兮 …… 一三八

城闕……一三八
在城闕兮（六〇八）
揚之水
迋……一三九
人實迋女（六〇八）
出其東門
縞衣綦巾……一三九
聊樂我員……一三九
聊樂我員（六〇八）
闉闍……一四〇
野有蔓草
零露漙兮……一四〇
零露漙兮（六〇九）
瀼……一四一
溱洧
溱與洧方渙渙兮……一四一
且……一四二
洵訏……一四二
瀏……一四二
勺藥……一四三

卷八　國風　齊

雞鳴
東方明矣朝既昌矣……一四五
還
還……一四五
遭我乎峱之閒兮……一四六
竝驅從兩肩兮……一四七
並驅從兩肩兮（六〇九）
儇……一四七
東方未明
顛倒……一四八
辰夜……一四八
南山
取妻……一四八
取妻如之何（六〇九）
衡從其畝……一四九
雄狐綏綏……一四九
甫田
丱……一四九

突而弁兮……一四九

盧令

盧令令……一五〇
鬈……一五〇
其人美且鬈〔六一〇〕
偲……一五一

敝笱

鰥……一五一
其魚唯唯……一五二
其魚唯唯〔六一〇〕

載驅

茀……一五二
鞹……一五三
發夕……一五三
齊子發夕〔六一一〕
瀰瀰……一五四
齊子豈弟……一五四
齊子豈弟〔六一一〕

猗嗟

頎而長兮……一五五
名兮……一五六
猗嗟名兮〔六一二〕
清揚婉兮……一五六
舞則選兮……一五七
四矢反兮……一五七

卷九　國風　魏

葛屨

摻摻女手……一五九
要之……一五九
好人提提……一六〇
宛然左辟……一六〇

汾沮洳

言采其莫……一六〇

園有桃

我歌且謠……一六一

陟岵

父曰嗟……一六一
父曰嗟予子〔六一三〕
父曰嗟予子母曰嗟予季兄曰嗟予弟……一六二

陟彼屺兮 … 一六一
陟彼屺兮〔六一二〕 … 一六二
猶來無棄 … 一六二
伐檀 … 一六二
坎坎伐輪兮 … 一六三
河水清且漣猗 … 一六三
坎坎伐輪兮〔六一三〕 … 一六四
寘之河之漘兮 … 一六四
碩鼠 … 一六五
碩鼠 … 一六五
三歲貫女 … 一六五

卷十　國風　唐

蟋蟀 … 一六七
蟋蟀 … 一六七
山有樞 … 一六七
山有樞 … 一六七
山有樞〔六一三〕 … 一六八
弗曳弗婁 … 一六八
他人是愉 … 一六八

洒埽 … 一六九
弗洒弗埽〔六一四〕 … 一六九
揚之水 … 一七〇
素衣朱繡 … 一七〇
我聞有命不敢以告人 … 一七〇
我聞有命不敢以告人〔六一四〕 … 一七〇
椒聊 … 一七一
蕃衍盈升 … 一七一
綢繆 … 一七一
見此粲者 … 一七二
見此粲者〔六一五〕 … 一七二
有杕之杜 … 一七二
有杕之杜 … 一七二
睘睘 … 一七二
杕杜 … 一七三
噬肯適我 … 一七三
噬肯適我〔六一五〕 … 一七三
采苓 … 一七三
采苓采苓 … 一七三

| 采苓采苓〔六一六〕 | |
| 首陽之顛 | 一七五 |

卷十一 國風 秦

車鄰	
鄰鄰	一七七
駟驖	
駟驖	一七八
孔阜	一七八
駟驖孔阜〔六一七〕	
輶車鸞鑣	一七八
載獫歇驕	一七八
小戎	
靷	一七九
鋈	一七九
茵	一八〇
騧	一八〇
觼	一八〇
鋈錞	一八一
厹矛鋈錞〔六一七〕	

蒙	一八一
蒙伐有苑	一八一
蒙伐有苑〔六一七〕	
竹閉緄縢	一八二
厭厭	一八二
蒹葭	
蒹葭淒淒	一八二
伊人	一八二
遡洄遡游	一八三
遡洄從之〔六一八〕	
坻	一八三
終南	
條	一八三
有條有梅〔六一八〕	
顏如渥丹	一八三
顏如渥丹〔六一八〕	
有紀	一八四
黃鳥	
交交黃鳥止于棘	一八四
百夫之防	一八四

晨風

百夫之防〔六一八〕……一八五

鴥……一八五

晨風……一八五

鬱彼北林……一八五

苞……一八五

六駁……一八五

隰有六駁〔六一九〕……一八五

無衣

襪……一八六

與子同澤……一八六

渭陽

悠悠我思……一八七

權輿

夏屋渠渠……一八七

於我乎夏屋渠渠〔六一九〕……一八七

卷十二 國風 陳

宛丘

子之湯兮……一八九

東門之枌

無冬無夏……一八九

越以鬷邁……一九〇

婆娑其下……一八九

衡門

衡門……一九〇

可以樂飢……一九〇

墓門

墓門有梅有鴞萃止……一九〇

歌以訊止……一九一

歌以訊止〔六一九〕……一九一

訊予不顧……一九三

防有鵲巢

邛有旨苕……一九三

邛有旨鷊……一九三

侜……一九四

美……一九四

惕惕

惕惕……一九四

心焉惕惕〔六二〇〕……一九四

月出
月出皎兮……一九四
佼人……一九四
僚……一九五
勞心慘兮……一九五
勞心慘兮〔六二〇〕
株林
胡爲乎株林從夏南兮匪適株林從夏南兮……一九六
澤陂
有蒲與荷……一九六
傷如之何……一九七
蕑……一九七
有蒲與蕑〔六二一〕
菡萏……一九八
碩大且儼……一九八
輾……一九九

卷十三　國風　檜
羔裘
羔裘逍遥……二〇一
素冠
棘人欒欒兮……二〇一
勞心慱慱兮……二〇二
隰有萇楚
萇楚……二〇二
猗儺其華……二〇二
匪風
匪車偈兮……二〇三
中心怛兮……二〇三
溉之釜鬵……二〇三
卷十四　國風　曹
蜉蝣
蜉蝣……二〇五
衣裳楚楚……二〇五
掘閱……二〇五
蜉蝣掘閱〔六二二〕

候人

彼其之子………………二〇七

何戈與祋………………二〇七

彼其之子………………二〇七

芾………………………二〇七

三百赤芾〔六二三〕

維鵜在梁………………二〇八

不濡其咮………………二〇八

薈兮蔚兮………………二〇九

鳲鳩

鳲鳩在桑〔六二四〕

鳲………………………二一〇

其弁伊騏………………二一〇

兮………………………二一〇

下泉

冽彼下泉………………二一一

冽彼下泉〔六二四〕

浸彼苞稂………………二一一

愾我寤歎………………二一一

卷十五 國風 豳

七月

一之日觱發………………二二三

二之日栗烈………………二二三

二之日栗烈〔六二五〕

耜…………………………二二三

三之日于耜〔六二七〕

田畯至喜…………………二二五

萑…………………………二二五

八月萑葦〔六二七〕

蠶月條桑…………………二二六

七月鳴鵙…………………二二七

鵙…………………………二二七

四月秀葽…………………二二七

蜩…………………………二二八

貉…………………………二二八

玃…………………………二二八

莎…………………………二二九

曰爲改歲…………………二二九

六月食鬱及薁……………二二九

六月食鬱及薁〔六二七〕……一二四
叔……一二四
叔……一二四
薪樗……一二四
采荼薪樗〔六二八〕……一二五
重穋……一二五
黍稷重穋〔六二八〕……一二五
上入執宮公……一二五
上入執宮公〔六二八〕……一二五
納于凌陰……一二五
四之日其蚤……一二五
獻羔……一二五
朋酒斯饗……一二五
萬壽無疆……一二五
萬壽無疆……一二五

鴟鴞

迨天之未陰雨……一二三
徹彼桑土……一二三
今女下民……一二四
蓄租……一二四

予羽譙譙予尾消消……一二四

東山

零雨其濛……一二六
零雨其濛〔六二九〕……一二六
予維音曉曉……一二六
風雨所漂搖……一二六
蠋……一二七
果臝之實……一二七
果臝之實〔六二九〕……一二七
伊威……一二八
蠨蛸……一二八
蠨蛸在戶〔六二九〕……一二八
町畽鹿場……一二九
町畽鹿場〔六三〇〕……一二九
熠燿宵行……一二九
不可畏也……一二九
伊可懷也……一二九
鸛鳴于垤……一三〇
烝在栗薪……一三〇
栗薪……一三一

烝在栗薪〔六三〇〕……………………………………………………二三一

皇駁……………………………………………………………………二三一

狼跋

狼跋其胡………………………………………………………………二三二

狼跋其胡〔六三一〕…………………………………………………二三二

載疐其尾………………………………………………………………二三二

公孫……………………………………………………………………二三二

赤舄几几………………………………………………………………二三二

卷十六　小雅　鹿鳴之什

鹿鳴

呦呦……………………………………………………………………二三五

示我周行………………………………………………………………二三五

視……………………………………………………………………二三五

視民不恌………………………………………………………………二三七

湛………………………………………………………………………二三七

四牡

周道倭遲………………………………………………………………二三八

周道倭遲〔六三三〕…………………………………………………二三八

嘽嘽駱馬………………………………………………………………二三八

雛………………………………………………………………………二三九

翩翩者雛〔六三三〕…………………………………………………二三九

皇皇者華

皇皇者華………………………………………………………………二三九

駪駪征夫………………………………………………………………二三九

我馬維駒………………………………………………………………二四〇

常棣

常棣之華………………………………………………………………二四一

鄂………………………………………………………………………二四一

不……………………………………………………………………二四二

韡………………………………………………………………………二四二

鄂不韡韡〔六三四〕…………………………………………………二四三

原隰裒矣………………………………………………………………二四三

脊令……………………………………………………………………二四三

外禦其務………………………………………………………………二四四

外禦其務〔六三五〕…………………………………………………二四四

烝也無戎………………………………………………………………二四四

儐爾籩豆飲酒之飫……………………………………………………二四五

飲酒之飫〔六三五〕…………………………………………………二四五

和樂且湛………………………………………………………………二四五

| 樂爾妻帑 ································· 二四五
| **伐木**
| 伐木丁丁 ································· 二四六
| 釗 ····································· 二四六
| 釗伊人矣〔六三五〕 ······················· 二四六
| 伐木許許 ································· 二四六
| 萸 ····································· 二四六
| 坎坎鼓我 ································· 二四七
| 坎坎鼓我〔六三六〕 ······················· 二四七
| 蹲蹲舞我 ································· 二四七
| **天保**
| 單厚 ····································· 二四七
| 俾爾單厚〔六三六〕 ······················· 二四七
| 吉蠲爲饎 ································· 二四八
| 禴 ····································· 二四八
| 禴祀烝嘗〔六三六〕 ······················· 二四八
| 神之弔矣 ································· 二四九
| 神之弔矣〔六三六〕 ······················· 二四九
| 如月之恒 ································· 二四九

采薇
| 彼爾維何 ································· 二四九
| 小人所腓 ································· 二四九
| 弭 ····································· 二五〇
| 魚服 ····································· 二五〇
| 象弭魚服〔六三七〕 ······················· 二五〇
| 豈不日戒 ································· 二五〇

杕杜
| 檀車幝幝 ································· 二五〇
| 檀車幝幝〔六三七〕 ······················· 二五〇

魚麗
| 罶 ····································· 二五一
| 鯊 ····································· 二五一
| 鱨鯊〔六三七〕 ·························· 二五一
| 君子有酒旨且多 ······························ 二五一
| 且多〔六三七〕 ·························· 二五一

卷十七 小雅 南有嘉魚之什

南有嘉魚
| 烝然罩罩 ································· 二五三

烝然汕汕 …… 二五三

南山有臺

樂只君子 …… 二五三
眉壽 …… 二五四

蓼蕭

零露泥泥 …… 二五四
豈弟 …… 二五五
濃濃 …… 二五五
和鸞 …… 二五五

湛露

厭厭夜飲 …… 二五六
其桐其椅 …… 二五六

彤弓

藏 …… 二五六
一朝右之 …… 二五六
一朝右之〔六三八〕

菁菁者莪

菁菁者莪 …… 二五七

六月

我是用急 …… 二五七
我是用急〔六三八〕
閑之維則 …… 二五八
于三十里 …… 二五九
于三十里〔六三九〕
織文 …… 二六〇
識文鳥章 …… 二六〇
織文鳥章〔六四〇〕
白旆央央 …… 二六〇
白旆央央〔六四〇〕
輊 …… 二六三
如輊如軒〔六四二〕

采芑

菑 …… 二六三
奭 …… 二六三
路車有奭〔六四三〕
軧 …… 二六四
瑲瑲 …… 二六四
八鸞瑲瑲〔六四三〕
隼 …… 二六四
鴥彼飛隼〔六四三〕

目次項目	頁
其飛戾天（六四四）	二六四
其飛戾天	二六四
伐鼓淵淵（六四四）	二六四
伐鼓淵淵	二六五
振旅闐闐（六四五）	二六五
振旅闐闐	二六五
嘽嘽焞焞（六四六）	二六六
嘽嘽焞焞	二六六
蠻荊	二六六
蠢爾蠻荊（六四五）	二六六
車攻	
我車既攻（六四六）	二六七
我車既攻	二六七
甫草	二六七
薄狩于敖（六六六）	二六八
薄獸于敖	二六八
金烏	二七〇
赤芾金舄（六四八）	二七〇
決拾既佽	二七一
決拾既佽（六四八）	二七一
助我舉柴	二七一
助我舉柴（六四九）	二七一
徒御不警	二七二
徒御不警（六四九）	二七二
吉日	
允矣君子	二七三
既伯既禱	二七三
麀鹿麌麌	二七三
麌	二七四
其祁孔有	二七四
儦儦俟俟	二七五
儦儦俟俟（六四九）	二七五
卷十八 小雅 鴻鴈之什	
庭燎	
鸞聲噦噦	二七七
鸞聲噦噦（六五〇）	二七七
沔水	
蹟	
念彼不蹟（六五〇）	二七七

鶴鳴

可以為錯 〔六五一〕 ... 二七八

祈父

可以為錯 ... 二七八
祈父 ... 二七九
靡所底止 〔六五一〕 ... 二七九
靡所底止 ... 二七九
予王之爪牙 ... 二八〇

白駒

縶 ... 二八〇
於焉消搖 ... 二八〇
所謂伊人 ... 二八〇
在彼空谷 ... 二八一
在彼空谷 〔六五二〕 ... 二八一
藿 ... 二八一
毋金玉爾音 ... 二八二

黃鳥

不可與明 ... 二八二

我行其野

言采其蓫 ... 二八三

斯干

求爾新特 ... 二八三
成不以富 ... 二八三
無相猶矣 ... 二八四
似續妣祖 ... 二八四
約之閣閣 ... 二八四
橐橐 ... 二八五
芋 ... 二八五
君子攸芋 〔六五三〕 ... 二八五
如鳥斯革 ... 二八五
如鳥斯革 〔六五三〕 ... 二八六
如矢斯棘 ... 二八六
如翬斯飛 ... 二八六
噲噲噦噦 ... 二八七
朱芾斯皇 ... 二八七
載衣之裼 ... 二八七
載衣之裼 〔六五三〕 ... 二八七

無羊

其角濈濈 ... 二八八
言采其蓫 ... 二八八

或寢或訛……二八八
蓑……二八八
三十維物……二八九
不騫……二八九
　不騫不崩〔六五四〕
肱……二八九

卷十九　小雅　節南山之什

節南山

憂心如羙……二九一
　憂心如惔〔六五四〕
天方薦瘥……二九三
憯莫懲嗟……二九三
　憯莫懲嗟〔六五五〕
維周之氐……二九三
秉國之均……二九三
天子是毗……二九四
　天子是毗〔六五五〕
不宜空我師……二九四
　不宜空我師〔六五六〕
勿罔君子……二九四
瑣瑣……二九四
昊天不傭……二九五
誰秉國成……二九五
四牡項領……二九五
　四牡項領〔六五六〕

正月

憂心愈愈……二九六
伊誰云憎……二九六
局……二九六
不敢不蹐……二九七
胡爲虺蜴……二九七
　胡爲虺蜴〔六五六〕
褒姒威之……二九八
亦孔之炤……二九八
憂心懆懆……二九八
　憂心懆懆〔六五七〕
佌佌彼有屋……二九九
蔌蔌方穀……二九九
　蔌蔌方穀〔六五七〕

哀此惸獨 …………… 三〇〇
蓺蓺 …………… 三〇〇

十月之交

日月告凶 〔六五八〕 …………… 三〇一
日有食之 …………… 三〇一
朔月辛卯 …………… 三〇一
日月告凶 〔六五八〕 …………… 三〇二
百川沸騰 …………… 三〇二
山冢崒崩 …………… 三〇二
燁燁震電 …………… 三〇二
番 …………… 三〇三
家伯維宰 …………… 三〇三
仲允膳夫 …………… 三〇四
豔妻煽方處 …………… 三〇四
抑此皇父 …………… 三〇五
黽勉從事 …………… 三〇五
黽勉從事 〔六五八〕 …………… 三〇五
讒口囂囂 …………… 三〇六
噂 …………… 三〇六
沓 …………… 三〇六

悠悠我里 …………… 三〇七
悠悠我里 〔六五九〕 …………… 三〇七

雨無正

昊天疾威 …………… 三〇七
淪胥以鋪 …………… 三〇九
淪胥以鋪 〔六五九〕 …………… 三〇九
聽言則答 …………… 三一〇
聽言則答 〔六六〇〕 …………… 三一〇
莫肯用訝 …………… 三一〇
維曰于仕 …………… 三一一
鼠思 …………… 三一一

小旻

謀猷回遹 …………… 三一一
潝潝訿訿 …………… 三一二
伊于胡底 …………… 三一二
是用不集 …………… 三一二
民雖靡膴 …………… 三一三
民雖靡膴 〔六六〇〕 …………… 三一三
如彼泉流 …………… 三一三
馮河 …………… 三一三

不敢馮河〔六六〇〕………………………………三一四

小宛

宛彼鳴鳩〔六六一〕……………………………三一四
翰飛戾天………………………………………三一四
螟蛉有子蜾蠃負之……………………………三一四
填寡……………………………………………三一四
宜岸……………………………………………三一四

小弁

弁彼鸒斯〔六六一〕……………………………三一五
鸒斯……………………………………………三一五
歸飛提提〔六六一〕……………………………三一六
提提……………………………………………三一六
怒焉如擣………………………………………三一六
屬毛罹裏………………………………………三一六
鳴蜩嘒嘒………………………………………三一七
伎伎……………………………………………三一七
雉……………………………………………三一七
譬彼壞木………………………………………三一七
尚或墐之………………………………………三一八

尚或墐之〔六六二〕……………………………三一八
杝………………………………………………三一八

巧言

亂如此幠〔六六二〕……………………………三一九
亂如此幠………………………………………三一九
僭始既涵〔六六三〕……………………………三二〇
僭始既涵………………………………………三二〇
躍躍毚兔………………………………………三二〇
居河之麋〔六六三〕……………………………三二〇
居河之麋………………………………………三二〇
無拳無勇………………………………………三二一
既微且尰………………………………………三二一

何人斯

我心易也………………………………………三二一
篪………………………………………………三二一
覥………………………………………………三二一

巷伯

萋兮斐兮………………………………………三二二
哆兮侈兮………………………………………三二二
哆兮侈兮〔六六三〕……………………………三二二

緝緝翩翩……三一四
緝緝翩翩〔六六四〕
驕人好好……三一五
驕人好好〔六六四〕
取彼譖人……三一五
作而作詩……三一五
作而作詩〔六六五〕

卷二十　小雅　谷風之什

蓼莪

莪……三一九
缾之罄矣……三二〇
拊我畜我……三二〇
拊我畜我〔六六六〕

大東

周道如砥……三二〇
杼軸……三二一
杼軸其空〔六六六〕
佻佻公子行彼周行……三二一
氿泉……三二一
有洌氿泉〔六六七〕
穫薪……三二二
薪是穫薪〔六六七〕
哀我憚人……三二二
舟人之子熊羆是裘……三二二
鞙鞙佩璲……三二三
跂彼織女……三二三
不可以服箱……三二三
不可以服箱〔六六七〕
東有啟明……三二三
西有長庚……三二四
西有長庚〔六六八〕

四月

徂暑……三二四
六月徂暑〔六六八〕
百卉具痱……三二四
百卉具痱〔六六九〕
亂離瘼矣……三二五
奚其適歸……三二六
廢爲殘賊……三二六

廢爲殘賊〔六六九〕..................三三七
匪鶉匪鳶
　匪鶉匪鳶〔六六九〕..............三三七

北山
　陟彼北岵兮〔六七〇〕..............三三八
無將大車.......................三三八
　偃仰........................三三八
　慘慘........................三三八
　或盡瘁事國....................三三七
　四牡彭彭.....................三三八
　睠睠懷顧.....................三四一
小明
　日月方奧.....................三四一
　日月方奧〔六七二〕...............三四一
鼓鐘.........................三四一
　心之憂矣自詒伊慼................三四一
　懷允不忘.....................三四二
　伐鼛........................三四二
　憂心且妯.....................三四三

以雅以南
　以雅以南〔六七二〕...............三四三
楚茨
　楚楚者茨.....................三四四
　楚楚者茨〔六七三〕...............三四四
　我蓺黍稷.....................三四四
　我黍與與.....................三四五
　我黍與與〔六七三〕...............三四五
　我稷翼翼.....................三四五
億..........................三四五
　我庾維億〔六七三〕...............三四五
以享以祀.......................三四六
　祝祭于祊.....................三四六
　先祖是皇.....................三四六
　莫莫........................三四七
交錯.........................三四七
　獻酬交錯〔六七四〕...............三四七
酢..........................三四八
　萬壽攸酢〔六七四〕...............三四八
燠..........................三四八

我孔熯矣〔六七五〕	三四八
苾芬孝祀	三四八
如幾	三四九
如幾如式〔六七五〕	三四九
既齊既稷	三四九
既匡	三四九
既敕	三四九
既匡既勅〔六七六〕	三四九
鐘鼓送尸	三五〇
鐘鼓送尸〔六七六〕	三五〇
神保聿歸	三五〇
神保聿歸〔六七七〕	三五〇
稽首	三五一
信南山	
維禹甸之	三五一
畇畇原隰	三五一
霡	三五一
既優既渥	三五二
既霑既足	三五二
既霑既足〔六七七〕	三五二

或或	三五二
黍稷彧彧〔六七七〕	三五二
騂	三五三
從以騂牡〔六七七〕	三五三
取其血膋	三五三
苾苾芬芬	三五三
苾苾芬芬〔六七八〕	三五三
先祖是皇	三五四
卷二十一 小雅 甫田之什	
甫田	
倬彼甫田	三五五
倬彼甫田〔六七八〕	三五五
耘	三五五
籽	三五六
或耘或耔〔六七八〕	三五六
黍稷薿薿	三五六
以我齊明	三五六
以我齊明〔六七九〕	三五六
田畯至喜攘其左右	三五六

大田

覃耜……三五七
以我覃耜〔六七九〕
俶載南畝……三五七
俶載南畝〔六七九〕
稂……三五七
不稂不莠〔六七九〕
螟螣蟊賊……三五八
去其螟螣〔六八〇〕
秉畀炎火……三五九
秉畀炎火〔六八〇〕
有渰淒淒興雲祁祁……三五九
有渰淒淒興雲祁祁〔六八〇〕
伊寡婦……三六三
伊寡婦之利〔六八一〕
田畯至喜……三六三

裳裳者華

裳裳者華……三六三
左之左之君子宜之右之右之君子有之……三六三

桑扈

樂胥……三六四
君子樂胥〔六八二〕
受福不那……三六四
兕觥其觩……三六四

頍弁

實維……三六五
實維伊何〔六八二〕
先集維霰……三六五
樂酒今夕……三六六
樂酒今夕〔六八二〕

車舝

高山仰止……三六六
以慰我心……三六七

青蠅

營營青蠅……三六八
止于樊……三六八
榛……三六八

賓之初筵

殽核維旅……三六九

殷核維旅〔六八三〕......三六九
的......三六九
賓載手仇......三六九
僛僛......三六九
威儀怭怭......三六九
側弁之俄......三七〇
式勿從謂......三七〇
匪由勿語......三七〇
匪由勿語〔六八三〕......三七〇

卷二十二 小雅 魚藻之什

魚藻......三七三
有莘其尾......三七三
有頒其首......三七三

采菽......三七四
袞......三七四
觱沸......三七四
觱沸檻泉〔六八四〕......三七四
檻泉......三七四
其旂淠淠鸞聲嘒嘒......三七五

平平左右......三七五
天子葵之......三七五
福祿膍之......三七五

角弓......三七五
騂騂角弓......三七六
騂騂角弓〔六八五〕......三七六
民胥傚矣......三七六
民胥傚矣〔六八五〕......三七六
如食宜饇......三七六
見晛曰消......三七七
見晛曰消〔六八五〕......三七七
莫肯下遺......三七八
婁......三七八
髦......三七九

菀柳......三七九
上帝甚蹈......三七九
上帝甚蹈〔六八六〕......三七九
無自瘵焉......三七九
無自瘵焉〔六八六〕......三七九

都人士
彼都人士首章……三八〇
謂之尹吉……三八〇
垂帶而厲……三八〇
采綠
終朝采綠……三八一
不盈一匊……三八一
薄言觀者……三八二
隰桑
遲不謂矣……三八二
中心藏之……三八二
白華
英英白雲〔六八七〕……三八三
滮池北流……三八三
鼓鐘于宮……三八三
鼓鐘于宮〔六八七〕……三八四
視我邁邁……三八四
俾我疷兮……三八四
瓠葉

有兔斯首……三八四
漸漸之石
勞矣……三八五
不皇朝矣……三八五
維其卒矣……三八五
有豕白蹢〔六八七〕……三八六
俾滂沱矣……三八六
蹢……三八六
何草不黃
何人不矜〔六八七〕……三八七
何人不矜……三八七

卷二十三 大雅 文王之什
文王
亹亹……三八九
亹亹文王〔六八九〕……三八九
陳錫哉周……三八九
祼……三九〇
厚……三九〇
宜鑒于殷駿命不易……三九〇

上天之載 萬邦作孚 ……………三九〇

大明

天難忱斯
摯仲氏任
摯仲氏任（六八九）……三九一
在洽之陽
倪天之妹
造舟
莘
其會如林
會朝清明
會朝清明（六九〇）……三九四
涼彼
鷹
牧野

緜

自土沮漆
自土沮漆（六九〇）……三九五
陶復陶穴 ……三九六

陶 ……三九六
來朝走馬
來朝走馬（六九一）……三九六
滸
周原膴膴
周原膴膴（六九一）……三九七
堇
堇荼如飴（六九一）……三九七
爰契我龜
廼慰廼止（六九二）……三九八
俾立室家
捄之陾陾
捄之陾陾（六九二）……三九八
削屢馮馮
削屢馮馮（六九三）……三九九
皋門有伉
皋門有伉（六九三）……四〇〇
混夷駾矣
維其喙矣 ……四〇一

維其喙矣〔六九三〕……四〇一
疏附奔奏……四〇一
曰……四〇二
棫樸
其章……四〇二
追琢……四〇二
追琢其章〔六九四〕……四〇二
勉勉我王……四〇三
旱麓
旱麓……四〇三
豈弟……四〇四
瑟彼玉瓚……四〇四
施于條枚……四〇四
豈弟君子……四〇四
思齊
神罔時恫……四〇五
烈假不瑕……四〇五
古之人無斁……四〇五

皇矣
求民之莫……四〇六
求民之莫〔六九四〕……四〇六
其政不獲……四〇六
憎……四〇六
式郭……四〇六
此維與宅……四〇六
菑……四〇七
翳……四〇七
椆……四〇七
其灌其栵〔六九四〕……四〇七
串夷……四〇八
天立厥妃……四〇八
天立厥妃 四章首句……四〇八
維此王季〔六九五〕……四〇九
貊其德音……四一〇
克順克比……四一〇
無然畔援……四一一
無然畔援〔六九六〕……四一一

誕先登于岸 誕先登于岸〔六九七〕 ………… 四一一
斯怒 …………………………………… 四一一
以按徂旅 …………………………… 四一二
以篤于周祜 ………………………… 四一二
度其鮮原 …………………………… 四一二
同爾兄弟 …………………………… 四一三
與爾臨衝 …………………………… 四一三
與爾臨衝〔六九七〕 ……………… 四一三
執訊連連 …………………………… 四一四
執訊連連〔六九八〕 ……………… 四一四
攸馘 ………………………………… 四一四
類禡 ………………………………… 四一四
仡仡 ………………………………… 四一五

靈臺

白鳥翯翯 …………………………… 四一五
白鳥翯翯〔六九八〕 ……………… 四一五
虡業維樅 …………………………… 四一六

辟廱 ………………………………… 四一六
於論 ………………………………… 四一六
於論鼓鐘〔六九八〕 ……………… 四一六
矇瞍奏公 …………………………… 四一七
鼉鼓逢逢 …………………………… 四一七
逢逢 ………………………………… 四一七
鼉 …………………………………… 四一七
昭茲來許繩其祖武 ………………… 四一八
昭茲來許繩其祖武〔六九九〕 …… 四一八

下武

順德 ………………………………… 四一八
遹求厥寧 …………………………… 四二〇
遹求厥寧〔七〇〇〕 ……………… 四二〇

文王有聲

作邑于豐 …………………………… 四二〇
築城伊淢 …………………………… 四二〇
築城伊淢〔七〇〇〕 ……………… 四二〇
匪棘其欲遹追來孝 ………………… 四二一
遹追來孝〔七〇〇〕 ……………… 四二一
宅是鎬京 …………………………… 四二二

苢	四二二
孫謀	四二二

卷二十四 大雅 生民之什

生民	
先生如達〔七〇一〕	四二三
達	四二四
后稷	四二四
履帝武敏〔七〇一〕	四二三
履帝武敏	四二三
姜嫄	四二三
克岐克嶷	四二六
禾役穟穟	四二六
穟	四二六
達	四二五
副	四二五
實覃實訏	四二五
瓜瓞唪唪	四二七
荏厥豐草	四二七
實種	四二七
實種實褎〔七〇二〕	四二七
邰	四二八
誕降嘉種	四二八
秬	四二八
維秬維秠〔七〇二〕	四二八
維穈維芑	四二九
維穈維芑〔七〇三〕	四二九
以歸肇祀	四二九
以歸肇祀〔七〇三〕	四二九
或舂或揄	四三〇
或舂或揄〔七〇四〕	四三〇
或蹂	四三一
釋之叟叟	四三一
釋之叟叟〔七〇四〕	四三一
烝之浮浮	四三一
后稷肇祀	四三一
行葦	
敦彼行葦	四三二
敦彼行葦〔七〇五〕	四三二
維葉泥泥	四三二
肆筵設席	四三三

醓……四三三
醓醢以薦〔七〇五〕
臄……四三三
嘉殽脾臄〔七〇五〕
敦弓……四三三
敦弓既堅〔七〇五〕
敦弓既句……四三三
大斗……四三四
酌以大斗〔七〇六〕
耇……四三四
台背……四三四

既醉

朗……四三五
高朗令終〔七〇六〕
畾……四三五

鳧鷖

在涇……四三五
鳧鷖在涇〔七〇六〕
在潨……四三六
公尸來止熏熏……四三六
芬……四三七

假樂

假樂君子……四三七
假樂……四三七
假樂君子〔七〇七〕
顯顯令德……四三七
保右命之……四三八
且君且王……四三八
且君且王〔七〇八〕
威儀抑抑……四三八
民之攸墍……四三八
民之攸墍〔七〇八〕

公劉

迺……四三九
餱糧……四四〇
思輯用光……四四〇
戈……四四〇
無永嘆……四四〇
而無永嘆〔七〇八〕
何以舟之……四四一

無然泄泄〔七一四〕............四五〇
辭之輯矣............四五〇
僚............四五〇
老夫灌灌............四五一
熇熇............四五一
無爲夸毗............四五一
民之方殿屎............四五二
民之方殿屎〔七一四〕............四五二
民之多僻無自立辟............四五二
民之多僻無自立辟〔七一五〕............四五二
敬天之渝無敢馳驅............四五三
出王............四五三
及爾出王〔七一五〕............四五三

卷二十五 大雅 蕩之什

蕩蕩............四五五
其命匪諶............四五五
天降慆德............四五五
侯作............四五六
侯作侯祝〔七一五〕............四五六
炰烋............四五七
女炰烋于中國〔七一六〕............四五七
斁............四五七
内奰于中國〔七一七〕............四五七
在夏后之世............四五八

抑

抑抑............四五八
惟德之隅............四五九
有覺德行............四五九
女雖湛樂從............四五九
如彼泉流............四五九
白圭之玷............四六〇
無言不讎............四六〇
無言不讎〔七一七〕............四六〇
屋漏............四六〇
尚不愧于屋漏〔七一七〕............四六〇
不愆于儀............四六〇
淑慎爾止不愆于儀〔七一七〕............四六〇

虹……四六一
實虹小子（七一八）
告之話言……四六一
我心慘慘……四六二
諄諄……四六二
藐藐……四六二
耄……四六二
曰喪厥國……四六三

桑柔

燼……四六三
國步斯頻……四六三
秉心無競……四六三
秉心無競（七一八）
逢天僤怒……四六四
荓云不逮……四六四
荓云不逮（七一八）
好是家嗇力民代食家嗇維寶……四六四
好是家嗇力民代食（七一八）
民人所瞻……四六五
朋友已譖……四六五
朋友已譖（七一九）
大風有隧……四六五
反予來赫……四六五
反予來赫（七一九）
職涼善背……四六六
涼曰不可……四六六
涼曰不可（七一九）

雲漢

蘊隆蟲蟲……四六七
蟲蟲……四六七
后稷不克……四六七
耗……四六七
斁……四六八
耗斁下土（七二〇）
寧丁我躬……四六八
寧丁我躬（七二一）
于摧……四六八
滌滌山川……四六八
旱魃……四六九
如惔如焚……四六九

如惔如焚〔七二二〕……四七〇
如焚……四七〇
遏……四七〇
寧俾我遯……四七〇

崧高

有嘒其星〔七二二〕……四七一
有嘒其星……四七一
云如何里……四七一
靡人不周……四七一
散無友紀……四七一
敬恭明祀……四七一
則不我虞〔七二二〕……四七二
則不我虞……四七二
崧……四七二
駿極于天……四七二
甫……四七三
維周之翰……四七三
蕃……四七三
于邑于謝既入于謝……四七三
錫爾介圭……四七四

往近王舅……四七四
往近王舅〔七二三〕……四七七
以峙其粻……四七七

烝民

天生烝民……四七七
民之秉彝……四七八
不侮矜寡……四七八
我儀圖之……四七八
愛莫助之……四七八
愛莫助之〔七二四〕……四七九
征夫捷捷……四七九

韓奕

奕奕梁山……四七九
解……四七九
夙夜匪解〔七二四〕……四八〇
虔共爾位……四八〇
鉤膺鏤錫……四八〇
鉤膺鏤錫〔七二四〕……四八〇
靮……四八〇
淺……四八〇

懺	
鞞靱淺懺（七二四）	四八〇
韔革	
金厄	
韔革金厄（七二五）	四八二
出宿于屠	
出宿于屠（七二一）	四八四
鮮魚	
炰鼈鮮魚（七二一）	四八七
蕨	
其蕨維何（七二一）	四八八
諸娣	
顧之	
韓侯顧之（七二一）	四八八
江漢	
實	四八九
伀伀	四八九
來旬來宣	四九〇
矢其文德洽此四國	四九〇

常武	
鋪敦淮濆	四九一
敦	四九一
緜緜	四九一
緜緜翼翼（七二二）	四九一
徐方繹騷	四九二
瞻卬	
懿	四九二
懿厥哲婦（七二二）	四九二
鞫人忮忒	四九二
介狄	四九二
舍爾介狄（七二三）	四九二
不弔	四九二
不弔不祥（七二三）	四九二
邦國殄瘁	四九三
召旻	
我居圉卒荒	四九三
訛訛	四九三
草不潰茂	四九四
草不潰茂（七二三）	四九四

職兄……四九四
職兄斯引〔七三三〕
頻……四九五
昔先王受命有如召公……四九五

卷二十六　周頌　清廟之什

清廟
駿奔走……四九七
維天之命……四九七
於穆不已……四九八
假以溢我……四九八
假以溢我〔七三五〕

維清
維周之祺……四九九
維周之祺〔七三六〕

烈文
於乎前王不忘……五〇〇

天作
天作高山大王荒之……五〇〇
天作高山大王荒之〔七三六〕
彼徂矣句岐有夷之行……五〇一

昊天有成命
夙夜基命宥密……五〇四
宥密……五〇四
於緝熙……五〇五
單厥心……五〇五

我將
我將我享維羊維牛……五〇五
儀式刑文王之典……五〇六
既右饗之……五〇六
既右饗之〔七三七〕

時邁
莫不震疊……五〇六
疊……五〇七
懷柔百神……五〇七
懷柔百神〔七三七〕

執競
執競……五〇八
鐘鼓喤喤……五〇八
磬筦將將……五〇八

卷二十七 周頌 臣工之什

- 臣工 .... 五〇九
- 貽我來牟〔七三八〕
- 貽我烝民
- 立我烝民
- 思文 .... 五〇九
- 序乃錢鎛 .... 五一一
- 噫嘻 .... 五一一
- 噫嘻
- 率時農夫
- 在此無斁
- 振鷺 .... 五一二
- 有瞽 .... 五一二
- 應田縣鼓
- 鞉 .... 五一三
- 圉 .... 五一三
- 鞉磬柷圉〔七三九〕
- 肅雝和鳴 .... 五一三

- 潛 .... 五一四
- 雝 .... 五一四
- 雝雝
- 載見 .... 五一五
- 和鈴央央
- 和鈴央央〔七三九〕
- 鞗革有鶬 .... 五一五

卷二十八 周頌 閔予小子之什

- 閔予小子 .... 五一七
- 嬛嬛在疚
- 敬之 .... 五一七
- 佛時仔肩〔七三九〕
- 佛 .... 五一八
- 小毖 .... 五一八
- 莫予荓蜂〔七四〇〕
- 荓蜂
- 自求辛螫 .... 五一八
- 拚飛 .... 五一九

載芟

其耕澤澤……五一九

侯彊侯以……五一九

有略其耜……五一九

有略其耜〔七四〇〕

俶載……五二〇

驛驛其達……五二〇

緜緜其麃……五二〇

有椒其馨……五二〇

有俶其馨〔七四〇〕

良耜

俶載……五二二

其鎛斯趙……五二二

以薅荼蓼……五二二

穫之挃挃……五二二

積之栗栗……五二二

捄……五二三

有捄其角〔七四一〕

絲衣

絲衣其紑……五二三

載弁俅俅……五二三

不吳不敖……五二四

吳……五二四

不吳不敖〔七四一〕

酌

我龍受之……五二五

我龍受之〔七四二〕

桓

婁豐年……五二五

婁豐年〔七四二〕

賚

敷時繹思……五二五

般

喬……五二六

裒時之對時周之命……五二六

卷二十九　魯頌　駉四篇

駉

駉駉牡馬……五二七

駉駉……五三〇

駉駉牡馬〔七四二〕…………五三一
在坰之野…………………………五三一
在坰之野〔七四四〕………………五三一
有驈有皇…………………………五三一
有驈有皇〔七四四〕………………五三一
有雒………………………………五三一
有驔………………………………五三二
有魚………………………………五三二
歲其有詒孫子……………………五三三
鼓咽咽……………………………五三三
有駜
有駜………………………………五三三
泮水
薄采其茆…………………………五三四
茆…………………………………五三四
屈…………………………………五三四
泮宮………………………………五三五
在泮獻馘…………………………五三五
皋陶………………………………五三五
狄彼東南…………………………五三六
狄彼東南〔七四四〕………………五三六

烝烝皇皇…………………………五三六
不吳不揚…………………………五三六
戎車孔博…………………………五三六
食我桑黮〔七四五〕………………五三七
黮…………………………………五三七
憬彼淮夷…………………………五三七
憬彼淮夷〔七四五〕………………五三七
閟宮
閟宮有侐〔七四五〕………………五三八
閟宮有侐…………………………五三八
稙稚菽麥〔七四五〕………………五三八
稺…………………………………五三八
實始翦商〔七四六〕………………五三九
實始翦商…………………………五三九
土田………………………………五三九
夏而福衡…………………………五三九
白牡騂剛…………………………五三九
犧尊………………………………五四〇
荊舒是懲…………………………五四一
魯邦所詹…………………………五四一

遂荒大東……五四一
繹……五四一
保有鳧繹（七四六）
淮夷蠻貊……五四二
居常與許……五四三
兒齒……五四三
新廟奕奕……五四四

卷三十 商頌 那五篇

那

置我鞉鼓……五四五
鞉鼓淵淵……五四五
庸鼓有斁……五四六
庸鼓有斁（七四六）
萬舞有奕……五四六
恪……五四六
執事有恪（七四七）

烈祖

賚我思成……五四六
亦有和羹……五四七
既戒……五四七
既戒既平（七四七）
鬷假無言……五四七
鬷……五四八
鬷假無言（七四七）
來假來亯……五四八

玄鳥

宅殷土芒芒……五五〇
九有……五五〇
奄有九有（七四八）
受命不殆在武丁孫子……五五〇
受命不殆在武丁孫子（七四八）
邦畿千里……五五一
邦畿千里（七四九）
肇域彼四海……五五一
景員維河……五五一
員……五五一
百禄是何……五五二

長發

禹敷下土方……五五二

幅隕……五五二
海外有截……五五二
至於湯齊湯降不遲聖敬日躋……五五三
上帝是祗……五五三
爲下國綴旒……五五四
旒……五五四
爲下國綴旒〔七四九〕
敷政優優……五五四
敷政優優〔七四九〕
百祿是遒……五五五
爲下國駿厖……五五五
龍……五五五
敷……五五六
不竦……五五六
不戁不竦〔七五〇〕
武王載旆……五五六
鉞……五五六
則莫我敢曷……五五七
苞有三櫱……五五七
韋顧……五五七
降予……五五七
左右……五五八
實左右商王〔七五〇〕
殷武
罙入其阻……五五八
罙入其阻〔七五〇〕
命于下國封建厥福……五五八
商邑翼翼四方之極……五五九
赫赫濯濯……五五九
方斲是虔……五五九
方斲是虔〔七五一〕
段玉裁詩經小學研究……虞萬里 七五三

三十巻本

師顧堂據清道光五年抱經堂刻本景印原書框高一八三毫米寬一二四毫米

道光乙酉年春鐫

詩經小學

抱經堂藏板

詩經小學卷一

金壇段玉裁撰

國風

周南

關雎五章章四句陸德明經典釋文曰五章是鄭所分

關關

玉篇曰關關和鳴也或爲喧

雎

爾雅說文皆作鴡

在河之洲

說文解字曰水中可居曰州周遶其旁从重川昔堯遭洪水民居水中高土故曰九州詩曰在河之州臣鉉等曰今別作洲非是　玉裁按爾雅毛傳皆云水中可居者曰州許氏正用之

君子好逑

鄭箋怨耦曰仇　經典釋文云逑本亦作仇　小戴禮記緇衣篇引詩君子好仇　爾雅釋詁曰仇匹也郭璞注引詩君子好仇　漢書匡衡傳引詩窈窕淑女君子好仇　嵇康琴賦李善注引毛詩窈窕淑女君子好仇　何晏景福殿賦李善注引詩窈窕淑女

君子好仇　玉裁按兔罝作好仇說文逑字注怨匹曰逑左傳怨耦曰仇知逑仇古通用也

參差荇菜

說文木部槮字注引詩槮差荇菜

荇菜

爾雅莕接余釋文曰莕本亦作荇說文作荇　說文莕菨餘也从艸杏聲或作荇

輾轉

劉向九歎憂心展轉王逸注展轉不寐見詩云展轉反側　潘岳秋興賦獨展轉於華省注引展轉反側

顧炎武詩本音曰說文無輾字張弨以爲報之譌

玉裁按說文無輾字古惟用展轉詩釋文曰呂忱作輾知輾字起於字林說文展注轉也報注轢也以輾爲報譌者誤

左右芼之

玉篇覒字注詩曰左右覒之覒擇也　玉裁按說文覒讀若苗又爾雅芼搴也本又作毛搴見釋文

鐘鼓

唐石經鍾鼓皆作鍾馬應龍本靈臺篇作鐘餘作鍾

葛覃三章章六句

葛之覃兮

爾雅覃莚也本又作蕁字叔然云古覃字同　玉裁按經典釋文五經文字九經字樣皆云葛覃一作葛蕈陸雲詩思樂葛藟薄采其蕈疾彼攸遠乃孚惠心葢用葛蕈字

灌木

爾雅木族生爲檟釋文檟或作灌又檟木叢木釋文檟又作灌

是刈是濩

爾雅是乂是鑊鑊煑之也釋文乂本亦作刈鑊又作

濩　玉裁按當作刈鑊刈以取之鑊以煑之齊語挾其槍刈耨鎛韋昭曰刈鎌也

服之無斁

禮記緇衣篇引詩服之無射　王逸招魂篇注射猒也詩曰服之無射　玉裁按斁爲本字射爲同部假借

𤃒

說文作𤃒今通作澣按幹爲榦之俗當作𤃒不當作澣　說文𤃒或作浣

害𤃒害否

毛傳曷何也　玉裁按古害讀如曷同在弟十五部葛覃借害爲曷長發則莫我敢曷毛傳曷害也是又借曷爲害於六書爲假借也

歸寍父母

說文晏安也詩曰以晏父母　玉裁按歸寍父母謂文王之父母也既歸曰舅姑未歸言父母禮記親迎女在塗而壻之父母死是也序曰葛覃后妃之本也后妃在父母家則志在於女功之事躬儉節用服澣濯之衣尊敬師傅則可以歸安父母化天下以婦道也言在父母家爲女子子若此則可以成婦禮於舅

姑而化天下以婦道故曰葛覃后妃之本也上文言告言歸毛傳婦人謂嫁曰歸此歸字卽言告言歸之歸也父母在則有時歸寧耳此九字蓋後人所加非毛傳本文說詩者以全篇爲已嫁之詞又惑於篇末父母之稱歸寧之義乃謂序所云后妃在父母家之句不可通矣說文以㚰父母蓋卽歸寧父母之異文鄭箋言常自絜淸以事君子蓋言君子而舅姑在其中

卷耳四章章四句

卷耳

爾雅卷耳苓耳釋文卷謝作卷祭酒謝嶠

筐

說文匡筥也或从竹作筐

虺隤

爾雅虺頹病也　玉裁按玉篇尣部作尯𡯴說文無

尯𡯴字

我姑酌彼金罍

說文秦以市買多得爲夃从乃从夊益至也詩曰我

夃酌彼金罍

觥

說文䚗从角黃聲俗作觥　按周官經作䚗

砠

爾雅土戴石爲砠釋文砠說文作岨　說文山部岨石戴土也从山且聲詩曰陟彼岨矣　五經文字山部岨見詩石部𥕢亦作砠見詩風

瘏痡

爾雅痡瘏病也陸德明曰痡詩作鋪瘏詩作屠　玉裁按今詩不作屠鋪玉逸九歎注引詩我馬瘏矣說文疒部引詩我馬瘏矣我僕痡矣文選秋胡詩注引我馬瘏矣皆不作屠鋪惟雨無正淪胥以鋪毛傳鋪

病也爲假借

云何吁矣

爾雅郭注引詩云何盱矣邢疏云何盱矣者卷耳及都人士文也　玉裁按今本卷耳吁憂也都人士盱病也

樛木三章章四句

樛木

爾雅下句曰朻陸德明釋文本又作樛　說文下句曰樛高木曰朻

葛藟

戴先生詩經補注曰凡言葛藟謂葛之藤蔓耳古曰藟今曰藤古今語也舊說分葛藟爲二物以對下福祿非也或未信其說今按山海經卑山多櫐郭景純曰今虎豆貍豆之屬櫐一名縢音耒爾雅諸慮山櫐郭注今江東呼櫐爲藤似葛而麤大山海經之櫐即櫐字蓺文類聚正作櫐縢藤古今字詩釋文曰藟本亦作櫐然則藟之爲藤信矣櫐非一種山櫐葛櫐皆是也

葛藟櫐之

王逸九歎注蘽緣也詩曰葛藟蘽之

葛藟縈之

說文引詩葛藟藥之藥艸旋皃衣部縈字注引葛藟縈之

螽斯三章章四句

螽斯

爾雅蜇螽蜙蝑陸德明曰蜇本又作蟴詩作斯　玉裁按蟴蜇同在弟十六部猶斯析同在弟十六部也螽蟴亦稱蟴螽非如鸒斯之斯不可加鳥

螽

公羊傳作螺亦作蠡

詵詵

釋文曰說文作兟玉裁按今說文無兟字　玉篇兟多也或作莘騂⿰犭辛兟甡　五經文字曰兟色臻反見詩　玉裁按東都賦俎豆莘莘魏都賦莘莘蒸徒善注皆引毛萇詩傳曰莘莘眾多也今毛詩螽斯作詵詵傳曰詵詵眾多也皇皇者華作駪駪傳曰駪駪眾多之皃桑柔作甡甡傳曰甡甡眾多也蓋其字皆可作莘莘李善所見毛詩正作莘莘說文引小雅莘莘征夫

薨薨

爾雅薨薨增增衆也釋文顧舍人本薨薨作雄雄
玉裁按雄从隹厷聲古韵雄與薨皆在弟六部

繩繩
螽斯抑傳皆云繩繩戒愼下武傳云繩戒也爾雅兢
兢繩繩戒也釋文繩一本作憴

揖揖
蓋輯字之假借說文輯車和輯也

桃夭三章章四句

桃之夭夭
說文木部枖木少盛皃詩曰桃之枖枖又女部引詩

桃之𡝤𡝤

蕡

玉裁按蕡實之大也說文頒大頭也方言墳地大也靈臺傳賁大鼓也韓奕傳汾大也苕之華傳墳大也合數字音義攷之知蕡言實之大也

其葉蓁蓁

宋王應麟詩攷曰齊詩其葉溱溱

兔罝三章章四句

罝

說文云或作䍢籀文作𦋹

公矦干城

春秋左氏傳曰公矦之所以扞城其民也故詩曰赳赳武夫公矦干城葢讀若干掫之干毛傳干扞也

逵

說文馗九達道也似龜背故謂之馗或作逵从辵坴聲　文選鮑昭蕪城賦注韓詩曰肅肅兎罝施于中馗薛君曰中馗馗中馗九交之道也　王粲從軍詩注韓詩曰肅肅兎罝施于中馗薛君曰馗九交之道也　玉裁按馗逵本同字毛詩作逵韓詩作馗與公矦好仇爲韵王粲從軍詩與愁由流舟游收憂疇休

畱字爲韵古音讀如求在第三部也至宋鮑照乃與裒威飛依積字爲韵入於第十五部廣韵又分別馗在尤韵兼入脂韵逵專在脂韵顧炎武詩本音乃以脂韵之逵爲本音而讀仇如其以協之引史記趙王友歌證仇本有其音不知趙王友歌乃漢人之韵尤韵合用逵與馗一字古皆讀如求也

芣苢三章章四句

苢

苡同

襭

說文襭或作擷䟫字注引爾雅䟫謂之擷

漢廣三章章八句

不可休息

釋文本或作休思此以意改爾　正義經求思之文在游女之下傳解喬木之下先言思辭然後始言漢上疑經休息之字作休思也詩之大體韻在辭上疑休求字爲韻下二字俱作思但未見如此之本不敢輒改耳　朱子集傳吳氏曰韓詩作思　王應麟詩攷序漢廣不可休息朱子從韓詩作不可休思　戴東原先生答秦大司寇蕙田書凡古人之詩韻在句中

者韵下用字不得或異三百篇惟不可休思思譌作息與墓門歌以誶止止譌作之失詩句用韵之通例
玉裁按朱子不見韓詩今韓詩外傳引詩不可休思

江之永矣
說文永字注引詩江之永矣羕字注水長也引詩江之羕矣　明楊愼丹鉛錄曰韓詩江之羕矣博古圖齊侯鎛鐘銘羕保其身羕寶用亯古永羕字通　文選登樓賦李善注韓詩曰江之漾矣不可方思薛君曰漾長也　玉裁按永古音養或假借養字爲之如

夏小正時有養日時有養夜卽永日永夜也

秣

說文䬴食馬穀也無秣字　廣韻秣同䬴

言刈其蔞

廣韻引詩言采其蔞　王逸大招注引詩言采其蔞

汝墳三章章四句

遵彼汝墳

爾雅淮爲滸江爲沱過爲洵潁爲沙汝爲濆郭氏注云詩曰遵彼汝濆皆大水溢出別爲小水之名陸德明曰濆字林作涓衆爾雅本亦作涓　玉裁按說文

涓小流也爾雅曰汝爲涓濆水厓也詩曰敦彼淮濆此詩從毛氏大防之訓作墳爲正

惄如調飢

丹鉛錄曰易林云倆如旦飢卽詩調飢據韓詩作朝飢言朝飢難忍也　高士奇天祿識餘曰詩惄如調飢調韓詩作朝薛君章句云朝飢取難忍晉郭遐周詩言別在斯須惄焉如朝飢　玉裁按毛傳調朝也言詩假借調字爲朝字也調周聲朝舟聲音相近也或作輖亦朝之假借　說文惄字注引詩惄如輖飢

國朝厲鶚云孟蜀石經作輖飢　唐楊凝式韭

花帖晝寢乍興輖飢正甚

惄

釋文惄或作㥾韓詩作愵

飢

說文飢餓也饑穀不孰也唐石經飢渴皆作飢饑饉皆作饑

肄

方言枿餘也陳鄭之閒曰枿肄餘也秦晉之閒曰肄

玉裁按肄即枿字方言異耳枿說文作巘作櫱

棄

玉裁按唐石經皆作弃以隸書棄字中有世字避廟諱也

魴魚赬尾

說文經赤色也詩曰魴魚經尾或作赬或作䞓　玉裁按左氏傳如魚竀尾用假借字說文竀正視也

王室如燬

說文焜火也詩曰王室如焜　玉裁按說文火燬也燬火也焜火也方言楚語煤齊言燬古火讀如毀在弟十五部焜燬皆卽火字之異

麟之趾三章章三句

麟
爾雅及說文作麐
趾
士昏禮及漢書作止
麟之定
正義曰定或作顁　爾雅顁題也郭注題頟也詩曰
麟之顁釋文顁又作定

詩經小學卷一

詩經小學卷一　三

詩經小學卷二

金壇段玉裁撰

召南

鵲巢三章章四句

鵲

說文舃鵲也象形篆文作䧿

御之

玉裁按御爲訝之假借字訝或作迓相迎也古訝與御皆在弟五部

方之

玉裁按毛傳方有之也一本無之字誤四字一句猶言甫有之也故訓傳本與經別合傳於經者多有脫落如此章當云方之方有之也下章當云成之能成百兩之禮也是也或於方字作逗而以有訓方朱子從之失在不能離經耳　戴東原先生曰方房也古字通

采蘩三章章四句

于沼于沚

毛傳于於沼池沚渚也　玉裁按恐其與于以之于相亂故言于者於之假借也鄭箋于以猶言往以也

被

少牢饋食禮曰主婦被錫鄭注被錫讀爲髲鬄古者或剔賤者刑者之髮以被婦人之紒爲飾因名髲鬄焉

僮僮

鄭康成射義注引詩被之童童夙夜在公

草蟲三章章七句

草蟲

爾雅曰草螽

阜螽

爾雅蛗螽蠜郭注引詩趯趯蛗螽

覯止

鄭箋引易男女覯精　玉裁按今周易作構

我心則夷

爾雅釋言夷悅也陸氏釋文作恞

采蘋三章章四句　正義曰儀禮歌召南三篇越艸蟲而取采蘋蓋采蘋舊在草蟲之前曹氏詩說謂齊詩先采蘋而後草蟲

蘋

說文作薲

濱

說文作頻隸作瀕省作頻說文無濱字鄭康成召旻

六章箋云瀕當作濱是漢時有濱字也鄭意以瀕爲瀕蹙濱爲水厓與說文異說文顮水厓人所賓附顮蹙不前

于以采藻

說文藻水艸也从艸从水巢聲詩曰于以采藻或作藻

行潦

毛傳行潦流潦也　玉裁按行當作衍衍溝水行也

維筐及筥

毛傳方曰筐圓曰筥　玉裁按說文方曰匡圜曰篆

匡俗作筐篆方言作篋

湘之

毛傳湘亨也　玉裁按此假借湘字爲亨字也古享獻亯飪元亨同作亯在弟十部借湘爲亨飪字同部假借也　郊祀志曰皆嘗鬺亨上帝鬼神師古注引韓詩于以鬺之唯錡及釜按韓詩之鬺卽說文之䰞字煑也郊祀志云鬺亨上帝鬼神者謂煑而獻之也亨讀如饗史記作亨鬺文倒當從漢書毛詩湘字當爲鬺之假借

釜

說文鬴鍑屬或作釜从金父聲

齊

玉篇引有齋季女攷說文齋材也

甘棠三章章三句

蔽芾

漢碑多異體

勿翦

玉裁按俗以前爲歬後字以矢羽之翦爲前斷字

釋文曰韓詩作剗初簡反　漢書韋〔元〕成傳勿鬋勿

伐

召伯所茇

說文废舍也从广犮聲詩曰召伯所废　玉裁按詩作茇爲废字之假借毛傳茇艸舍也　漢書禮樂志拔蘭堂拔舍止也

憩

釋文憩本又作愒五經文字愒息也又作憇見詩風

說文無憩字徐鉉等曰愒別作憩非是　玉裁按憩从息舌聲

勿翦勿拜

廣韻十六怪扒拔也詩曰勿翦勿扒本亦作拜　元

程端禮分年日程亦引勿翦勿扒

召伯所説

爾雅稅舍也郭注引詩曰召伯所稅　文選曹植應

詔詩注毛詩召伯所稅毛萇曰稅猶舍也

行露三章一章三句二章章六句

謂行多露

或作畏行多露者誤

羔羊三章章四句

委蛇委蛇

顧炎武唐韵正曰韓詩作禕隋漢衞尉衡方碑禕隋

在公酸棗令劉熊碑卷舒委遲成陽令唐扶頌在朝委隨　玉裁按君子偕老委委佗佗說文委字注曰委隨也古它聲隋聲字同在弟十七部

緎

說文黑部黬羔裘之縫从黑或聲無緎字　玉篇曰黬羔裘縫也亦作緎黬

殷其靁

殷其靁三章章六句

殷其靁

李善景福殿賦注引毛萇傳曰磤雷聲也

遑

說文無遑字古經典多假皇爾雅偟暇也

摽有梅三章章四句

摽

廣韻引字統云合作芆落也　玉裁按當作𡕥說文有𡕥無芆𡕥物落上下相付也摽擊也同部假借

趙岐注孟子曰芆零落也詩曰芆有梅　玉裁按正作𡕥俗作芆　漢書野有餓芆而不知發鄭氏曰芆音蔈有梅之蔈

梅

玉裁按終南傳梅枏也墓門傳梅枏也與爾雅說文

合說文梅柟也某酸果也凡梅杏當作某毛公於摽有梅無傳蓋當毛時字作某後乃借梅為某二木相溷也　釋文曰韓詩作楳說文楳亦梅字

頃筐塈之

玉篇摡字注詩云頃筐摡之本亦作塈

謂

毛意謂會也

小星二章章五句

嘒

說文云或作嚖

寔

釋文韓詩作實有也

江有汜三章章五句

江有汜

說文引江有汜亦引江有洍

不我以

爾雅釋訓篇不竢不來也說文來部竢字注詩曰不竢不來　玉裁按詩無不竢之文蓋江有汜一章古作不我竢故爾雅釋之曰不竢我者不招來我也而說文仍之廣韵竢注一不來誤竢是來義故云不竢不

來也

野有死麕三章二章章四句一章三句

麕

說文麇從鹿囷省聲籀文不省陸德明曰麕本亦作麏又作麇

苞之

戴先生詩經補注作苞云俗本譌作包　玉裁按苞苴字皆从艸曲禮注曰苞苴裹魚肉或以葦或以茅此詩釋文云苞逋菲反裹也是陸本不誤今各本誤包注疏內傳釋文改爲包逋茅反本上聲而讀平聲

矣其誤始於唐石經木瓜鄭箋云以果實相遺者必苞苴之引書厥苞橘柚今書作厥包亦是譌字郭忠恕不察乃云以艸名之苞為厥包其順非有如此者

脫脫

邵長蘅古今韵略娧舒遲皃亦作脫詩舒而脫脫兮

帨

說文巾部帥佩巾也或作帨

吠

五經文字曰字林作吠

何彼襛矣三章章四句

何彼襛矣

說文襛衣厚皃詩曰何彼襛矣　五經文字曰作穠譌　釋文曰韓詩作何彼茙矣

緍

說文从糸昏聲昏說文从日从氏省氏者下也一曰民聲　玉裁按昏以氏省爲正體曰民聲者非也

騶虞二章章三句

騶虞

文選注引琴操曰鄒虞邵國之女所作也古者役不踰時不失嘉會　東京賦李善注引劉芳詩義疏曰

騶虞或作吾　玉裁按山海經墨子竝作騶吾漢書東方朔傳作騶牙曰其齒前後若一齊等無牙故謂之騶牙　廣韵虞俗作𩦲　困學紀聞曰騶虞騶吾騶牙聲相近而字異解頤新語既以虞爲虞人又謂文王以騶牙名囿蓋惑於異說魯詩傳曰梁鄒天子之田見後漢注與賈誼書同不必以騶牙爲證　玉裁按王氏之說甚是東都賦既曰制同乎梁鄒又曰歷騶虞覽駟驖必非一詩而復舉

詩經小學卷三

金壇段玉裁撰

邶

廣韻曰鄁紂之畿內國名邶同

柏舟五章章六句

如有隱憂

李善歎逝賦注韓詩曰耿耿不寐如有殷憂

匪鑒

匪本匡匪字詩多借匪爲非

威儀棣棣

說文䜴字注引詩威儀秩秩即此句異文猶平秩東

作說文作平斷也

不可選也

毛傳物有其容不可數也選字作數字解車攻序曰因田獵而選車徒傳曰選徒囂囂聲也維數車徒者爲有聲也選字皆算字之假借漢書引詩威儀棣棣不可算也說文解字曰算數也鄭注論語何足算也曰算數也算選同部音近夏官司馬羣吏撰車徒鄭注撰讀曰算算車徒謂數擇之也撰亦算字之假借鄭氏箋詩不言選讀曰算者義具毛傳中矣覼閱既多

王逸哀時命注遘遇也詩曰遘閔既多

寤辟有摽

説文晤明也詩曰晤辟有摽　爾雅辟拊心也釋文本亦作擗　王褒九懷寤辟摽兮永思王逸注辟拊心皃也一作擗　馬融長笛賦搯膺擗摽李善注曰毛詩寤擗有摽毛萇云擗摽拊心皃　張景陽七命窮襞爲之擗摽

日居月諸

王吏部汝璧云某氏曰居卑居也諸詹諸也俗作鵯鶋

蟾蠩

胡迭而微

釋文曰迭韓詩作臷云常也　玉裁按臷即𢧢字之譌

綠衣四章章四句

綠兮衣兮

鄭箋云綠當作褖故作褖轉作綠字之誤也褖兮衣兮者言褖衣自有禮制也諸侯夫人祭服之下鞠衣爲上展衣次之褖衣次之次之者衆妾亦以貴賤之等服之鞠衣黃展衣白褖衣黑皆以素紗爲裏今褖衣反以黃爲裏非其禮制也故以喻妾上僭

頏

燕燕四章章六句

說文亢人頸也或作頏

仲氏任只

玉裁按毛傳壬大也正義曰釋詁文攷爾雅釋詁壬大也不作任知毛詩作壬鄭箋易傳作睦婣任恤之任

以勖寡人

坊記引詩先君之思以畜寡人鄭康成曰衞夫人定姜之詩也陸德明曰此魯詩之說

日月四章章六句

報我不述

李善廣絕交論注引韓詩報我不術薛君曰術法也

終風四章章四句

終風且暴

說文瀑疾雨也一曰沫也一曰瀑賁也詩曰終風且瀑

願言則疐

毛傳疐劫也劫一作跲疏引王肅云疐劫不行　玉裁按毛詩此篇本同豳風狼跋作疐　鄭箋乃作嚏

石經從鄭說文引詩亦作嚏鄭箋疐讀當爲不敢嚏咳之嚏今俗人嚏云人道我此古之遺語也　玉裁按今山東及各省皆有此語皆謂鼻噴气廣韵十二霽嚏鼻气也玉篇口部嚏噴鼻也詩曰願言則嚏鼻部𪖐䶑字注云二同都計切鼻噴气本作嚏今按嚏字从口者口鼻气同出也許氏說文云嚏悟解气也詩曰願言則嚏詩釋文引崔云毛訓疐爲㰦今俗人云欠欠㰦㰦是也不作劫字人體倦則伸志倦則㰦崔說與說文合而非毛意亦非鄭意又攷月令民多鼽嚏鼽謂病寒鼻塞內則不敢噦噫嚏咳欠伸跛倚

嚏鼻气也欠張口气悟也若以嚏爲欠欬是內則嚏欠重複矣說文悟解气之說未當

曀曀其陰

說文𡔆天陰塵也詩曰𡔆𡔆其陰从土壹聲

擊鼓五章章四句

擊鼓其鏜

說文鼓部引擊鼓其鼞金部引擊鼓其鏜　正義曰司馬法云鼓聲不過閶字雖異音實同也

漕

左氏傳作曹

于嗟洵兮不我信兮

釋文曰洵呼縣反本或作詢誤也韓詩作敻敻亦遠也信毛音申案信卽古伸字也鄭如字　呂覽季春紀與爲敻明高誘注敻大也遠也敻讀如詩云于嗟敻兮　玉裁按高所引同韓詩

凱風四章章四句

凱風

班固幽通賦作凱風風陸德明爾雅釋文作凱風

睍睆

說文睍出目見也睅大目也一作睆

雄雉四章章四句

伊

鄭箋當作繄繄猶是也　玉裁按雄雉蒹葭東山白駒皆易伊爲繄以伊非其訓也正義云左傳宣二年自詒繄慼毛詩小明自詒伊慼鄭箋於此得其例今俗本正義引左傳繄慼譌伊慼而左傳俗本亦譌爲伊慼

匏有苦葉四章章四句

匏有苦葉

周禮炮土之鼓杜子春讀如苞有苦葉之苞

匏

劉向九歎作瓟

深則厲

爾雅深則厲以衣涉水爲厲由帶以上爲厲陸德明曰本或作濿說文砅履石渡水也从水从石詩曰深則砅或作濿　玉裁按東原先生云詩之意以水深必依橋梁乃可過喻禮義之大防不可犯若淺水則褰衣而過尚不濡衣酈道元水經注段國沙洲記吐谷渾於河上作橋謂之河厲此可見橋有厲之名衛詩淇梁淇厲並舉厲固梁之屬說文視爾雅爲得其

傳也其字正作砅或作濿省用厲

濟盈不濡軌

毛傳曰由輈以上爲軌釋文曰依傳意直音犯鄭注攷工記引濟盈不濡軌少儀正義引濟盈不濡軓今詩軓作軌由不知古合韵之例以軌字古音九遂改軓爲軌以韵求其牡也說文軌車徹也从車九聲軓車軾前也从車凡聲周官經大馭右祭兩軹祭軓注故書軓爲範杜子春云軓當爲軋軋謂車軾前也考工記軓前十尺鄭司農云軓謂式前也書或作軋少儀祭左右軌范注軓與范聲同謂軾前也秦風陰靷

盜續毛傳陰揜軓也鄭箋揜軓在軾前垂輈上東原先生釋車軓與輢皆揜輿板輢之言倚也兩旁人所倚也軓之言範也範圍輿前也直曰軓累呼之曰揜軓如約轂革直曰軝累呼之曰約軝　玉裁按車徹之軌不可言濡輈上式前不可訓軌軌或爲軓或爲範或爲范秦風謂之陰毛傳謂之揜軓　唐石經濟盈不濡軓字甚明晝

雝雝鳴鴈

鹽鐵論引雝雝鳴鳱　洪興祖九辨補注雁廱廱而南游廱與噰同詩曰噰噰鳴雁

鴈

姚姬傳(鼐)曰據說文雁鳥也鴈鵝也是鴻雁當作雁鴈鵞當作鴈莊子山木篇命豎子殺鴈而亯之今之舒鴈也

旭

旭日始旦

陸德明易豫卦釋文旴豫姚作旴云日始出引詩旴日始旦

泮

玉裁按古泮泮與頖義通說文無泮字玉篇水部泮字注散也破也亦泮宮仌部無泮字韻書字書有泮字

注曰冰散也𢡽造之俗字

谷風六章章八句

黽勉

爾雅作蠠沒漢書作密勿文選傅季友爲宋公求加贈劉前軍表注云韓詩曰密勿同心不宜有怒密勿僶勉也　玉裁按據此則毛詩僶勉韓詩多作密勿

葑

正義曰方言云蘴蕘蕪菁也陳楚謂之葑齊魯謂之蕘關西謂之蕪菁趙魏之部謂之大芥蘴與葑字雖異音實同

薄送我畿

毛傳畿門內也呂覽出則以車入則以輦務以自佚命之曰招蹷之機高誘注曰招至也蹷機門內之位也輦輦於宮中遊翔至於蹷機故曰務以自佚也詩曰不遠伊邇薄送我畿此不過蹷之謂　玉裁按呂覽招蹷注招至也招字文選七發注引作佁集韵六止佁至也呂氏春秋佁蹷之機高誘讀佁葢與殆迨音近相假故曰至也機卽詩谷風之畿故注曰機門內之位也說文曰蹷僵也呂注轉寫譌亂唐時已然按其文當云佁至也機門內之位也輦輦於宮中遊

翺至於歷故曰務以自佚謂之至歷之機也詩曰不遠伊邇薄送我畿此不過機之謂如是則文義渙然矣機門限也可以歷人故近歷之機伐性之斧爛腸之倉爲一類廣雅歷機闑朱同栅也

湜湜其沚

沚說文引作止　玉裁按毛本作止鄭易爲沚引爾雅小渚曰沚毛傳於蒹葭宛在水中沚乃云小渚曰沚則此作止無疑鄭箋轉寫既久脫止讀爲沚四字又攷經文作沚　玉裁又按玉篇水部引作止臧氏琳云小渚曰沚四字箋本無之正義不釋其標起止

不云小渚起而云涇水至喻焉可證本無矣臧氏說甚精又云白帖卷七二引皆作止蒹葭疏乃釋沚字則此詩無沚字也臧又云音義沚音止三字亦俗人妄添

沚

爾雅小渚曰沚本或作持

不我屑以

趙岐注孟子不屑就云屑絜也詩曰不我屑已

我躬不閱遑恤我後

禮記表記篇引國風曰我今不閱皇恤我後

方之

說文曰方亦作汸

不我能慉

說文引詩能不我慉　玉裁按能之言而也乃也詩能不我慉能不我知能不我甲皆同今作不我能慉誤也鄭康成注周易宜建侯而不寧而讀爲能此詩與芄蘭能讀爲而古能而音近同在弟一部詩不我以不我與不我過叉子不我卽能不我知能不我甲則不我惠則不我遺則不我助則不我聞諒不我知句法皆同　毛傳慉興也與說文慉起也正合今本

與作萶誤

昔育恐育鞫

今注疏攷證云蜀石經昔育恐鞫少一育字錢唐張賓鶴云親見蜀石經本如此　玉裁按依鄭箋當有二育字

鞫

顧亭林曰唐石經凡詩中鞫字自采芑節南山蓼莪之外竝作鞫今但公劉瞻卬二詩從之　玉裁按鞫从革匊聲蹋鞠也或作𥷂𥷂窮治罪人也从㚔从人从言竹聲或作𥷜今俗作鞫詩經毛傳或云窮也谷風

南山或云究也公劉或云盈也節南山或云告也采芑告爲假借窮究盈皆本義其字皆當作鞫蓼莪傳云鞠養也亦當作鞫鞫爲窮亦爲養相反而成猶治亂曰亂也

御冬御窮

毛傳御禦也　玉裁按以御爲禦此假借也

肄

毛傳肄勞也　玉裁按肄勩之假借字也

式微二章章四句

泥

泉水之禰韓詩作坭薾卽其地

旄丘四章章四句

旄丘

陸德明釋文曰字林作嵍云嵍丘也亾周反又音毛
山部又有嵍字亦云嵍丘亾附反又音毛　顏氏家
訓曰柏人城東有孤山世或呼爲宣務山予嘗讀柏
人城西門內漢桓帝時徐整所立碑銘云上有巏嵍
王喬所仙巏字遂無所出嵍字依諸字書即旄丘之
旄也嵍字字林一音忩付反今依附俗名當音權務
此條原本譌誤乙未在成都校定　劉成國作髦丘其說曰前高曰
髦丘如馬舉頭垂髦也

狐裘蒙戎

左氏傳士蔿賦狐裘尨茸

流離之子

爾雅鳥少美長醜爲鶹鷅郭注鶹鷅猶留離詩所謂留離之子陸德明云留離詩字如此或作鶹離後人改耳　說文鳥少美長醜爲鶹離

簡兮三章章六句

簡兮簡兮

天祿識餘曰魯詩東兮東兮申公曰東伶官名恥居亂邦故自呼而嘆曰東兮東兮汝乃白晝而舞於此

乎　玉裁按簡柬異字同音猶板是用大諫左傳及
高堂隆傳作大簡也或曰毛詩譌爲簡誤矣
碩人俁俁
韓詩作扈扈云美皃
籥
說文作龠　玉裁按今以龠爲量器以書僮竹笘之
籥爲樂器　玉篇引詩左手執龠
苓
毛詩爾雅苓大苦說文蘦大苦從爾雅毛傳爲正
泉水四章章六句

毖彼泉水

陸德明曰韓詩作祕說文作䀣王應麟亦云　玉裁按說文䀣字注讀若詩云泌彼泉水說文不作䀣彼泉水也泌爲正字毛作毖韓作祕皆同部假借字說文泌俠流也　衡門泌之洋洋毛傳泌泉水也孔沖遠曰邶風曰毖彼泉水故知泌爲泉水　魏都賦溫泉毖涌而自浪劉逵注引毖彼泉水李善注云說文曰泌水駛流也泌與毖同

禰

韓詩作坭見釋文　廣韵坭地名

不瑕有害

毛傳瑕遠也鄭箋瑕過也害何也我行無過差有何不可而止我　玉裁按從毛則瑕爲遐之假借從鄭則害爲曷之假借二子乘舟篇同也

漕

左氏傳立戴公以廬於曹不从水

北門三章章七句

室人交徧摧我

釋文摧或作催韓詩作誰就也　說文催相擣也从人崔聲詩曰室人交徧催我

北風三章章六句

涼

說文北風謂之颼　爾雅北風謂之涼風陸云本或作古颼字　廣韵涼俗作涼

雱

廣韵曰霶同雱又去聲十遇引詩雨雪其霶

其虛其邪

鄭箋邪讀如徐　爾雅引其虛其徐

靜女三章章四句

靜女其姝

說文女部引靜女其姝好也又衣部引靜女其袾好
佳也玉篇云佳好也

俟

毛傳俟待也　玉裁按俟大竢待此假借俟爲竢也

於城隅

詩經多用于字偶有作於者如俟我於城隅於我乎
夏屋渠渠是也

僾而不見

說文僾仿佛也詩曰僾而不見　祭義曰僾然必有
見乎其位正義引詩僾而不見　爾雅薆隱也　方

言搎翳薆也郭注云謂隱蔽也詩曰薆而不見　玉
裁按離騷曰衆薆然而蔽之詩之薆而猶薆然也
又說文僾蔽不見也

搔首踟蹰

洞簫賦李善注韓詩曰搔首躊躇　向秀思舊賦注
韓詩曰搔首躊躇　玉裁按韓詩作躊躇毛詩作踟
蹰又鸚鵡賦注引韓詩搔首踟蹰薛君曰踟蹰躑躅
也　廣雅蹢躅跢跦也　說文峙躇不前也

新臺三章章四句

新臺有泚

說文引新臺有玼

瀰

說文瀰滿也从水爾聲　盧召弓曰漢地理志引邶詩河水洋洋師古以今邶詩無此句爲疑攷玉篇曰洋亦瀰字然則洋洋必泮泮之誤集韵亦曰瀰或作

洋

燕婉之求

韓詩作嬿婉文選西京賦李善注云嬿婉之求嬿婉好皃　玉篇云詩曰嬿婉之求本或作燕　說文曖目相戲也詩曰曖婉之求　又說文㜫宴㜫也

新臺有洒河水浼浼

陸德明云韓詩作新臺有漼河水浘浘詩本音作娓娓　玉裁按新臺有漼河水浘浘葢一章新臺有泚河水瀰瀰之異文漼浘字與泚瀰同部與洒浼字不同部毛詩泚鮮明皃釋文引韓詩云漼鮮皃毛詩瀰瀰盛皃釋文引韓詩云娓娓盛皃是其爲首章之異文同義而陸德明誤屬之二章無疑也錢學士曉徵曰此說甚是

籧篨

爾雅釋文籧本或作篆同

殄

鄭箋當作腆

得此戚施

爾雅戚施面柔也釋文戚施字書作規覤同　玉篇云規覤面柔也　廣韵云規覤面柔也本亦作戚施

說文䵶鼀詹諸也詩曰得此䵶鼀其鳴詹諸其皮鼁鼁其行鼀鼀鼁或作䵶

二子乘舟二章章四句

景

顏氏家訓曰古無影字始於葛洪

詩經小學卷三

詩經小學卷四

金壇段玉裁撰

鄘

柏舟二章章七句

髧彼兩髦

釋文髧本又作优　說文鬏髮至眉也詩曰紞彼兩

鬏或作髳

我特

釋文曰韓詩作直云相當值也

牆有茨三章章六句

牆有茨

說文薺蒺藜也从艸齊聲詩曰牆有薺

中冓之言

玉篇曰㝤夜也詩曰中㝤之言中夜之言也本亦作冓　玉裁按漢書文三王傳聽聞中冓之言晉灼曰魯詩以爲夜也然則玉篇用魯詩說也

不可襄也

玉裁按古襄攘通用史記龜策傳西襄大宛徐廣曰襄一作攘　說文曰漢律解衣耕謂之襄也

不可詳也

陸德明曰詳韓詩作揚

君子偕老三章一章七句一章九句一章八句

委委佗佗

爾雅委委佗佗美也釋文委諸儒本並作禕舍人引詩云亦作禕佗本或作它　說文引爾雅⿰衤圍⿰衤圍⿰衤貴⿰衤貴徐鉉曰爾雅無此　玉裁按葢卽委委佗佗之異文也

象服

惠氏云當作襐疏誤說文襐襐飾也史游急就篇襐飾刻畫無等雙漢書外戚傳襐飾將醫往問疾師古

曰豫盛飾也

鬒髮如雲

說文㐱稠髮也詩曰㐱髮如雲㐱或作鬒　毛傳鬒

黑髮也　玉裁按或作黰

不屑髢也

鄭氏周官經追師注引不屑鬄也

玉之瑱也

玉篇引玉之⿰耳眞也　玉裁按說文瑱或作⿰耳眞

晳

从白析聲或作晢誤晳同晣从日折聲

瑳兮瑳兮

鄭康成內司服注引詩玼兮玼兮其之展也　詩二章釋文沇云毛及呂忱並作玼玼解王肅云顏色衣服鮮明皃本或作瑳此是後文瑳兮王肅注好美衣服潔白之皃若與玼同不容重出今檢王肅本後不釋不如沇所言也然舊本皆前作玼後作瑳字　玉裁按弟二章弟三章古本皆作玼兮三章傳箋皆不釋瑳字又周禮注玼兮玼兮其之展也可證也玼瑳異部而音近如賓筵傞傞或爲嵯嵯此篇二三章玼字皆一本作瑳釋文二章玼兮引沇氏云本或作瑳可

證也取後乃分別以玼屬二章瑳屬三章而德明據之

是紲袢也

說文引是褻袢也　唐石經紲作緤諱世而改易其體也

展

說文襄丹縠衣　鄭箋云展衣字誤禮記作襢衣

邦之媛也

釋文媛韓詩作援援取也疑助之譌也

玉裁按此篇也字疑古皆作兮說文引玉之瑱兮邦之媛兮著正義引孫毓故曰玉之瑱兮皆古本之存於今改之未盡者也古尚書周易無也字毛詩周官經始見也字而孔門乃盛行兮在弟十六部也在弟十七部部異而音近各書所用也字本兮字之假借此詩也字古皆作兮遵大路二也字一本皆作兮尸鳩首章兮字禮記淮南徵引皆作也

桑中三章章七句

唐

爾雅蓎蒙陸云本今作唐

弋

春秋定姒穀梁傳作定弋弋即姒同在弟一部也說文作㚤

　鶉之奔奔二章章四句

鶉之奔奔鵲之彊彊

左傳卜偃引童謡鶉之賁賁外傳同　禮記表記篇引詩鵲之姜姜鶉之賁賁人之無良我以爲君

鵲

說文作䧿　廣韵曰字林作䧿

　定之方中三章章七句

作于楚宮作于楚室

劉逵魏都賦注詩曰定之方中作爲楚宮揆之以日作爲楚室　王融三月三日曲水詩序注毛詩曰定之方中作爲楚宮揆之以日作爲楚室　頭陀寺碑文注毛詩曰揆之以日作爲楚室　江淹擬顏特進詩注毛詩揆之以日作爲楚室　謝朓和伏武昌登孫權故城詩注揆之以日作爲楚室　詩正義作爲楚丘之宮作爲楚丘之室　玉裁按晷大記注曰僞或作于聲之誤也

栗

說文作㯫周官經同

椅

說文檹字注載賈侍中說檹卽椅木可作琴

漆

當作桼今通用水名之漆

終然允臧

唐石經終然允臧宋本集傳終然允臧明馬應龍挍刊毛詩鄭箋終然允臧　欽定詩經傳說彙纂終然允臧今各本作終焉允臧誤也　漢光和六年白石神君碑其銘曰卜云其吉終然允臧　張衡東

京賦卜征考祥終然允淑李善注引毛詩終然允臧　又劉淵林注魏都賦引毛詩終然允臧　謝朓和伏武昌登孫權故城詩注引卜云其吉終然允臧

詩正義終然信善　錢少詹辛楣曰終然天平羽之野此終然二字之證也

靈雨既零

玉裁按靈同霝說文霝零也既零猶言既䨱說文零餘雨也廣韻作徐雨誤

蝃蝀三章章四句

蝃蝀

爾雅說文皆作螮蝀爾雅釋文曰螮本亦作蝃

朝隮于西

易需上六入于穴荀爽曰需道已終雲當下入穴也雲上升極則降而爲雨故詩曰朝隮于西崇朝其雨雨則還入地見李氏易傳

相鼠三章章四句

胡不遄死

困學紀聞曰曹子建表忍垢苟全則犯詩人胡顔之譏詩無此句李善引毛詩曰何顔而不速死也今相鼠注無之

載馳四章一章三章章六句二章四章章八句

舊說此詩五章一章六句二章三章四句四章六句五章八句一章孔氏穎達曰此實五章左傳叔孫豹鄭子家賦載馳之四章義取控引大國今控於大邦乃在卒章言賦四章者杜預云并賦四章以下賦詩雖意有所主欲爲首引之勢并上章而賦之也蘇氏合二章三章以爲一章謂四章一章三章章六句二章四章章八句以春秋傳叔孫豹賦載馳之四章義取控于大邦非今之四章故也案春秋傳叔孫豹賦載馳之四章而取其控于大邦誰因誰極之意與蘇說合今從之

蝱

莔之假借字爾雅說文皆云莔貝母也

詩經小學卷四

詩經小學卷五

金壇段玉裁撰

衛

淇奧三章章九句

瞻彼淇奧

說文澳隈厓也其內曰澳其外曰隈　爾雅厓內爲隩外爲鞫　大學篇引瞻彼淇澳

綠竹猗猗

禮記大學篇引詩菉竹猗猗　說文菉王芻也詩曰菉竹猗猗　爾雅菉王芻陸德明作彔邢疏曰詩云

瞻彼淇澳菉竹猗猗是也又竹萹蓄邢疏曰孫炎引
詩衞風云菉竹猗猗　後漢書注引博物志澳水流
入淇水有菉竹艸　水經注淇水篇詩云瞻彼淇澳
菉竹猗猗毛云菉王芻也竹編竹也漢武帝塞決河
斬淇園之竹木以爲用寇恂爲河內伐竹淇川治矢
百餘萬以益軍資今通望淇川無復此物惟王芻編
草不異　玉裁按毛詩作綠字之假借也離騷薋菉
葹以盈室兮王逸注引終朝采菉今毛詩亦作終朝
采綠　魏都賦南瞻淇奧則綠竹純茂言綠與竹同
茂也故以冬夏異沼麗句　上林賦揜以綠蕙張揖

曰綠王芻也　毛傳竹萹竹也　釋文竹韓詩作𧂐
萹茿也石經亦作𧂐　爾雅竹萹蓄釋文曰竹本又
作茿　神農本艸經曰萹蓄味苦平陶貞白云人亦
呼爲萹竹　說文茿萹茿也𧂐水萹茿也　玉裁按
李善引韓詩作䓯玉篇曰䓯同𧂐釋文所引石經漢
石經魯詩也

有匪君子

大學篇有斐君子　玉裁按考工記匪色似鳴亦卽
斐字也　釋文匪韓詩作邲美皃

如切

爾雅骨謂之切釋文曰切本或作䶑說文有𩪂字

赫兮咺兮

釋文咺韓詩作宣宣顯也　大學篇赫兮喧兮　說文愃寬嫺心腹皃詩曰赫兮愃兮

終不可諼兮

大學篇終不可諠兮

青青

玉裁按淇奧苕華之青青與杕杜菁菁者莪之菁菁同也淇奧傳青青茂盛皃杕杜傳菁菁葉盛也菁莪傳菁菁盛皃

充耳琇瑩

說文作璓引充耳璓瑩

會弁如星

說文䯤骨擿之可會髮者詩曰䯤弁如星　五經文字骨部䯤字注曰士喪禮作檜此從先鄭注詩及周禮皆借會字爲之又糸部繪字注曰春秋傳引詩以爲繪弁字　玉裁按士喪禮作鬠

綠竹如簀

西京賦芳艸如積李善注云韓詩曰綠薵如簀簀積也薛君曰簀綠薵盛如積也薵音竹　玉裁按毛傳

亦云簀積也簀卽積之假借字古人以假借爲詁訓多如此今人以芳艸如茵釋之誤矣

綼

說文韠或省作綼

倚重較兮

倚各本譌作猗考正義曰入相爲卿士倚此重較之車釋文曰倚與綺反依也與說文倚依也相合今本釋文作猗亦是譌字耳倘詩本作猗則毛鄭當有訓釋云猗倚也不得孔陸擅訓爲依此與車攻兩驂不倚皆轉寫譌猗也　庚子正月定此條二月內閲文

選西京賦戴翠帽倚金較李善注引毛詩倚重較兮汲古閣初刻不誤上元錢士謐校本乃於板上更爲猗字遂滅其據證於此見校書之宜審慎也　倚字之誤始於唐石經而足利宋本不誤

較

說文作較

考槃三章章四句

考槃在澗

劉淵林吳都賦注曰韓詩曰考盤在干地下而黃曰干　釋文澗韓詩作干墝埆之處也

碩人之邁

釋文曰薖韓詩作㗊美皃

軸

正義曰傳軸爲迪釋詁云迪進也箋讀爲逐釋詁云逐病也　玉裁按毛以軸爲迪之假借鄭以軸爲逐之假借古音迪同軸在弟三部

碩人四章章七句

碩人其頎

玉裁按三章鄭箋云敖敖猶頎頎也疑其頎古作頎

頎　玉篇引詩碩人頎頎毛傳具長皃

衣錦褧衣

禮記中庸篇引衣錦尙絅　說文衣部褧檾也詩曰衣錦褧衣示反古又𣏟部檾枲屬詩曰衣錦檾衣

困學記聞曰衣錦尙絅書大傳作尙蘔注蘔讀爲絅或爲絺　朱子曰褧儀禮作景禮記作絅古注以爲禪衣沈存中謂褧與檾同是用檾麻織布爲之未知是否

譚公

白虎通引覃公惟私　儀禮經傳通解引郭璞爾雅注覃公惟私今本爾雅同詩作譚　又說文鄿國也

齊桓公之所滅說文無譚

蠐

說文作𧐐　方言作蠀

齒如瓠犀

爾雅瓠棲瓣郭注引詩齒如瓠棲陸德明云含人本作瓠棲　又考廣韵作瓠犀

螓首蛾眉

古作頸首娥眉　許叔重說文頸字注好皃从頁爭聲詩所謂頸首　玉裁按頸首卽螓首之異文毛傳但云顙廣而方不言螓爲何物鄭箋乃云螓蜻蜻也

知毛作顉鄭作螓　蛾眉毛鄭皆無說古作娥眉王
逸注離騷賦云娥眉好皃顏師古注漢書始有形若
蠶蛾之說夫蠶蛾之眉與首異物類乎鳥之有毛角
者不得謂之眉也且人眉似蠶角其醜甚矣安得云
美哉此千年之誤也離騷及招魂注竝云娥一作蛾
今俗本倒易之爲蛾一作娥者誤也娥作蛾字之假
借如漢書外戚傳蛾而大幸借蛾爲俄宋玉賦眉聯
娟以蛾揚楊雄賦何必颺纍之蛾眉虙妃曾不得施
其蛾眉皆娥之假借字娥者美好輕揚之意方言娥
好也秦晉之閒好而輕者謂之娥大招娥眉曼只枚

棄七發皓齒娥眉張衡思元賦嫮眼娥眉廣韻二仙嫚娥眉於緣切又嫚娥眉皃於權切　玉裁按毛傳蓋脫娥眉好皃四字娥字一句眉好皃三字一句陸士衡詩美目揚玉澤娥眉象翠翰倘從今本作蛾則一句中用蛾又用翠羽稍知文義者不肎爲也

巧笑倩兮美目盼兮

論語子夏引詩巧笑倩兮美目盼兮素以爲絢兮

盼

俗多譌作盻

說于農郊

鄭箋云說當作襚禮春秋之襚讀皆宜同

朱幩鑣鑣

玉篇曰詩云朱幩儦儦盛皃也　玉裁按碩人清人皆當同載驅作儦儦今此誤作鑣鑣者因傳有以朱纏鑣之文而誤也說文引朱幩儦儦今俗本亦改作鑣鑣

翟茀以朝

巾車鄭注引國風碩人翟蔽以朝

活活

說文活或作𣽷

施罟濊濊

說文水部大部皆引施罟濊濊

鱣鮪發發

釋文韓詩作鱍　說文鮁字注曰鱣鮪鮁鮁

庶姜孽孽

釋文韓詩作钀钀長皃　呂覽宋王築爲蘖臺高誘曰蘖當作钀蘖與钀同音詩云庶姜钀钀　玉裁按毛詩作櫱櫱爾雅蓁蓁櫱櫱戴也毛傳櫱櫱盛飾也蓁蓁至盛也皆謂庶姜姿首美盛如屮木枝葉廣韵㯻頭戴物也說文㯻櫱不𣎵同今毛詩爾雅作櫱皆

誤
庶士有朅
　釋文朅韓詩作桀健也
　　氓六章章十句
氓
　唐石經避廟諱作甿
頓丘
　爾雅丘一成爲敦丘
體無咎言
　禮記坊記篇引履無咎言鄭注履禮也

耽

爾雅妉樂也郭注見詩

泮

鄭箋泮讀爲畔

信誓旦旦

說文怛憯也或从心在旦下詩曰信誓𢘅𢘅

竹竿四章章四句

遠兄弟父母

唐石經遠兄弟父母　宋本集傳遠兄弟父母　明

國子監注疏本遠兄弟父母　明馬應龍孫開校刻

毛詩鄭箋作遠兄弟父母母叶姥罪反　欽
定詩經傳說彙纂從舊本作遠兄弟父母　玉裁按
竹竿二章朱子集傳本作遠兄弟父母上文右字注
叶羽軌反母字注叶滿彼反以詩經右母字例讀如
旨止韵故皆不從有厚韵讀也今俗本誤同蝃蝀一
章作遠父母兄弟而叶滿彼反之注仍存於弟字下
玉裁每疑右爲弟一部字弟爲弟十五部字二部古
少合用乾隆三十七年七月初四日至西安府學觀
石經碑作遠兄弟父母而後其疑霍然　汲古閣刻
注疏本遠父母兄弟誤　顧炎武詩本音亦作遠父

母兄弟誤

淇水滺滺

王逸楚詞九歎注油油流皃詩曰河水油油　玉裁按班書地里志引鄁詩河水洋洋今鄁無此句皆疑有誤

滺滺

陸德明曰滺本亦作攸　說文攸行水也从攴从人水省秦刻石嶧山文作汥　玉篇攸水流皃　廣韵攸水流皃　玉裁按淇水滺滺古當作攸攸後人誤改爲攸又誤改爲滺滺皆未識說文攸字本義也五經

文字曰懲字書無此字見詩風亦作浟

檜

孔冲遠曰檜書作栝字

芄蘭二章章六句

芄蘭之支

說文艸部引芄蘭之枝　呂氏祖謙曰董氏云支石

經作枝說文同

能

說見邶谷風

容兮遂兮

鄭箋容容刀也遂瑞也是以遂爲璲之假借字大東傳曰璲瑞也

河廣二章章四句

一葦杭之

說文斻方舟也从方亢聲徐鉉等曰今俗别作航非是　玉裁按說文杭同抗

跂予望之

楚詞九歎登巑岏以長企兮王逸注企立皃詩云企予望之

刀

釋文刀字書作舠說文作𦨴　正義曰說文作𦨴𦨴小船也　玉裁按今說文脫𦨴字

伯兮四章章四句

伯兮朅兮

玉篇偈武皃詩曰伯兮偈兮　玉裁按應从玉篇作偈說文朅去也無偈字

焉得諼草

說文藼忘憂艸也詩曰焉得藼草或作蕿或作萱

爾雅薆忘也郭注義見伯兮詩

有狐三章章四句

綏綏

見齊南山

厲

見匏有苦葉

木瓜三章章四句

瓊

說文瓊赤玉也或作璚瓗

詩經小學卷五

詩經小學卷六

王　　　　金壇段玉裁撰

黍離三章章十句

彼黍離離

彼黍穲穲見佩觿　又穲穲黍稷行列也見廣韻

劉向九歎覽芷圃之蠡蠡王逸注蠡蠡猶歷歷　玉裁按蠡蠡即離離古蠡在十六部離在十七部異部音近假借也

中心搖搖

爾雅懽懽愮愮憂無告也釋文愮本又作搖樊本作

遙又作佻桃與愮同

穟

說文采禾成秀也或作穟

君子于役二章章八句

羊牛下來

今本或作牛羊誤也

桀

廣韵作榤

君子陽陽二章章四句

翿

說文作翳引詩左執翳

揚之水三章章六句

彼其之子

鄭箋其或作記或作己讀聲相似　玉裁按左氏引
詩作己禮記引詩作記

許

說文作鄦　周許子鐘作䣳見薛尚功鐘鼎款識

中谷有蓷三章章六句

暵其乾矣

說文𤅊水濡而乾也从水𪇰聲詩曰𤅊其乾矣俗作灘

歗

說文嘯籒文从欠

兔爰三章章七句

雉羅于罦

說文𦊦覆車也詩曰雉羅于𦊦或作罦

葛藟三章章六句

滸

說文汻水厓也从水午聲

大車三章章四句

大車檻檻

檻或作轞五經文字轞音檻大車聲詩風亦借檻字爲之

菼

說文薍萑之初生或作菼

毳衣如菼

說文引毳衣如䊷帛騅色也

大車哼哼

廣韵引詩大車啍啍重遲皃

毳衣如璊

說文璊玉赤色也禾之赤苗謂之虋言璊玉色如之或作玧又毛部毧以毳爲罽色如虋故謂之毧虋禾之赤苗也从毛㒼聲詩曰毳衣如毧　玉裁按當云讀若詩曰毳衣如璊又按非也當是毛作璊韓作毧

如江之永矣江之羕矣之比

丘中有麻三章章四句

將其來施施

顏氏家訓曰江南舊本誤少一施字

詩經小學卷六

詩經小學卷七

金壇段玉裁撰

鄭

緇衣三章章四句

粲

毛傳粲餐此假借也粲餐同部

大叔于田三章章十句

叔于田

釋文一本有大字者誤也蘇氏曰二詩皆曰叔于田

故加大以別之不知者乃以段有大叔之號而讀曰

泰又加大于首章失之矣　玉裁按此篇傳曰叔于田叔之從公田也然則上篇自往此則從公故篇目加大字

烈

毛傳烈列也鄭箋列人持火是烈爲列之假借也

具

毛傳具俱也言具爲俱之假借也

襢

說文膻肉膻也从肉亶聲詩曰膻裼暴虎

兩服上襄

曲禮正義引兩服上驤兩驂鴈行　司馬相如傳大人賦放散畔岸驤以孱顏索隱曰詩云兩服上驤注云驤駕是也

鴇

顧亭林引廣韵作駂　玉裁按馬曰魚曰龍曰雒曰鴇不必皆从馬也　五經文字曰駂音保見爾雅又爾雅釋文曰駂音保　玉裁按今爾雅驪白雜毛駂誤作鴇

掤

左氏釋甲執冰字之假借也

鬯

秦風作韔爲正字

清人三章章四句

旁旁

說文騯馬盛也詩曰四牡騯騯

喬

釋文喬毛音橋鄭居橋反雉名韓詩作鷮　玉裁按

詩車舝及爾雅有鷮字說文雉字注內作喬雉鳥部

有鷮字

逍遙

陸釋文曰逍本又作消遥本又作搖　張參五經文字序曰說文有不備者求之字林若祧禰逍遥之類說文漏略今得之於字林　徐鉉等曰詩只用消搖此二字字林所加　莊子消搖遊　漢書司馬相如傳消搖乎襄羊　黄幾復解莊子消搖游名義云消者如陽動而仌消雖耗也不竭其本搖者如舟行而水搖雖動也不傷其内游於世若是惟體道者能之　張衡思元賦與仁義乎消搖　爾雅徒歌曰謡孫炎曰聲消搖也

左旋右抽

說文引左旋右搯

羔裘三章章四句

舍命不渝

管子澤命不渝澤卽釋釋卽舍也　爾雅渝變也釋文曰舍人作繻同

彼其之子

左氏襄二十七年引詩彼己之子邦之司直　史記匈奴傳曰彼己將帥裴駰注引詩云彼己之子索隱云彼己者猶詩人譏詞云彼己之子是也　玉裁按左氏傳云終不曰公曰夫己氏公羊氏傳云夫己多

乎道夫己猶彼己也彼己或作彼其或作彼記束晳補亡詩彼居之子居讀如檀弓何居與彼其彼己同也李善注居未仕誤沅案夫巳多乎道見穀梁傳巳訓止此引作公羊傳葢誤也

遵大路二章章四句

摻

魏了翁以爲避曹魏諱改詩摻執爲摻玉裁按非也毛傳摻攬也以同韵音近之字爲訓故也好也

釋文一本作故兮後好也亦爾

無我魗兮

說文敺棄也从攴𠷎聲詩云無我敺兮

女曰雞鳴三章章六句

襍佩以贈之

東原先生云當作貽玉裁按古人徵召爲宮徵得來爲登來仍孫爲耳孫詩訓爲承也皆之咍職德韵與蒸登韵相通之理鄭風來贈爲韵古合韵之一也不當改爲貽

有女同車二章章六句

舜

說文舜艸也蕣木堇朝華莫落者从艸舜聲詩曰顏

如蕣華䑞舜蕣蕣古今字詩當作蕣轉寫者脫去上
卄耳高誘呂氏春秋五月紀注云木堇一名蕣引詩
顏如蕣華

將將
說文瑲玉聲

山有扶蘇二章章四句

扶蘇
說文枎疏四布也　郭忠恕佩觿曰山有枎蘇與扶

持別

橋松

爾雅句如羽喬如木楸曰喬槐棘醜喬小枝上繚爲喬鄭風橋松蓋假借字　釋文橋本亦作喬毛作橋其驕反王云高也鄭作槁苦老反枯槁也

蘀兮二章章四句

風其漂女

朱子曰漂飄同

褰裳二章章五句

溱

說文潧水出鄭國从水曾聲詩曰潧與洧溱水出桂陽臨武入滙从水秦聲廣韵曰潧水南入洧詩作溱

洧誤也　玉裁按秦聲在今眞臻韵曾聲在今蒸登韵褰裳一章溱與人韵二章洧與士韵出鄭國之水本作溱外傳孟子皆作溱洧說文及水經作潧誤也

史記南越尉佗列傳湟溪索隱曰鄒氏劉氏本湟竝作湼漢書作湟溪音皇又衛靑傳云出桂陽下湟水而姚察云史記作匯今本有湟湼及匯不同蓋由隨見輒改故也南越尉佗列傳又云下匯水徐廣曰一作湟裴駰曰或作淮字索隱曰劉氏云匯當作湟漢書云下湟水也說文洭水出桂陽縣盧聚至洭浦關爲桂水　玉裁按洭水史記漢書作湟水匯者洭

之譌湦者湼之譌淮者滙之譌涯又或譌爲洭附此條以見古書易譌

狂童

玉篇僮幼迷荒者詩云狂僮之狂也且傳曰狂行僮昏所化也廣雅云僮癡也今爲童

丰四章二章章三句二章章四句

丰

方言作妦郭注妦容

俟我乎堂兮

鄭箋云堂當爲棖棖門梱上木近邊者

衣錦褧衣裳錦褧裳

王藻鄭注引詩衣錦絅衣裳錦絅裳

東門之壇二章章四句

東門之壇

陸釋文壇音善依字當作墠　正義曰襄二十八年左傳云子產相鄭伯以如楚舍不為壇外僕言曰昔先大夫相先君適四國未嘗不為壇今子草舍無乃不可乎上言舍不為壇下言今子草舍明知壇者除地去草矣故云壇除地町町者也徧撿諸本字皆作壇左傳亦作壇其禮記尚書言壇墠者皆封土者謂

之壇除地者謂之墠壇墠字異而作此壇字讀音曰
墠蓋古字得通用也今定本作墠

茹藘
爾雅釋文曰茹亦作蕠
風雨三章章四句

風雨淒淒
說文湝水流湝湝也一曰湝湝寒也詩曰風雨湝湝

瀟瀟
說文潚水清深也水經注湘水篇曰二妃從征溺於
湘江神遊洞庭之淵出入瀟湘之浦用山海經語又

釋潚字曰潚者水清湙也用說文語今俗以潚湘爲二水名且潚誤爲瀟矣郭璞山海經注引淮南子弋釣潚湘云潚水所在未詳不如酈氏引說文釋潚字爲當考說文無瀟字廣韵一屋二蕭內皆有潚字無瀟字毛詩風雨潚潚亦是淒清之意入聲音肅平聲音修在弟三部轉入弟二部音宵俗誤爲瀟玉裁見明時詩經舊本作潚爲是　羽獵賦風廉雲師吸嚊潚率二京賦飛罕潚箾流鏑擂㩧羽獵西京皆形容欻忽之皃與毛傳潚潚暴疾也意正相合

思元賦迅猋潚其媵我舊注潚疾皃李善引字林

潚湙清也

雞鳴膠膠

廣韵引詩雞鳴嘐嘐玉篇亦曰嘐嘐雞鳴也

子衿三章章四句

衿

說文裣交衽也今俗裣衽字通用衿

子寧不嗣音

釋文嗣如字韓詩作詒詒寄也曾不寄問也

挑兮達兮

說文又部引叏兮達兮叏滑也辵部引挑兮達兮

城闕

說文𩫖缺也古者城闕其南方謂之𩫖

揚之水二章章六句

迋

毛傳迋誑也言迋爲誑之假借

出其東門二章章六句

縞衣綦巾

說文綥帛蒼艾色从糸畀聲詩曰縞衣綥巾未嫁女所服或作綦

聊樂我員

釋文曰韓詩聊樂我魂　文選鮑照舞鶴賦注韓詩

聊樂我魂辟君注曰魂神也　鮑昭東武吟注韓詩曰縞衣綦巾聊樂我魂魂神也　釋文員本亦作云正義曰員云古今字助句詞也　玉裁按如秦誓之云來亦作員來

闉闍

鄭箋闍讀當如彼都人士之都

野有蔓草二章章六句

零露溥兮

正義曰靈作零字故爲落也玉裁按據此則經文本作靈露箋本作靈落也經文假靈爲零依說文則是

假靈爲霝　顏師古匡謬正俗曰溥按呂氏字林作⿱雨專上兖反

瀼

玉篇⿱雨囊露盛皃亦作瀼

溱洧二章章十二句

溱與洧方渙渙兮

漢書地理志方灌灌兮　說文潧字注引潧與洧方汎汎兮　陸德明曰渙韓詩作洹洹音丸說文作汎汎父弓反　後漢書袁紹傳注云韓詩曰溱與洧方洹洹兮薛君云鄭國之俗三月上巳之辰兩水之上

招蒐續魄拂除不祥故詩人願與所說者俱往也
太平御覽卅引此韓詩及章句較詳今本御覽洹洹
改渙渙宋本作洹洹余氏蕭客據以入古今解鉤沈
宋版御覽半部在朱奐文游家今在周漪塘家

且

釋文且音徂往也徐子胥反

洵訏

釋文韓詩作恂盱樂皃也　漢書地里志恂盱且樂

瀏

南都賦注引韓詩外傳瀏淸皃也外當作內

勺藥

勺作芍譌

詩經小學卷七

詩經小學卷八

金壇段玉裁撰

齊

雞鳴三章章四句

東方明矣朝既昌矣

說文昌美言也从日从曰一曰日光也詩曰東方昌矣　玉裁按疑許叔重有誤

還三章章四句

還

釋文曰韓詩作嫙好皃　漢書地里志臨甾名營丘

故齊詩曰子之營兮遭我虖嶩之閒兮師古曰毛詩作還齊詩作營之往也玉裁按營爲地名則茂昌亦爲地　水經淄水注云營丘者山名也詩所謂子之營兮遭我乎猺之閒兮又云毛詩鄭注竝無營字玉裁按地里志齊地節故齊詩曰云云猶上文秦地故秦詩曰魏地邶詩曰庸曰衞曰故唐詩之篇曰韓地故鄭詩曰陳詩曰體例一也孟堅作子之營兮不知其於四家內何從而師古乃猥曰韓固詩作營王伯厚詩攷引爲韓固詩之一條其亦弗思爾已

遭我乎猺之閒兮

漢書地里志遭我虖嶩之間兮　說文引詩遭我于峱之閒兮　玉裁按乎作于爲是師古漢書注曰嶩或爲峱亦作巎王伯厚云水經注作猺則峱之譌字耳元康里巎巎字子山其字奴刀切山名也今人讀巙巙乃大誤

並驅從兩肩兮

說文引並驅從兩豜兮　豳風作豜　石鼓文作䝔

儇

釋文曰韓詩作婘好皃

東方未明三章章四句

顚倒

說文有到無倒如去字注云从到子㐬字注云从到古文子

辰夜

顧亭林曰今本誤作晨依唐石經及國子監注疏本改正呂氏讀詩記嚴氏詩緝竝與石經文同

南山四章章六句

取妻

釋文取七喻反衆經音義曰娶七句切取也詩云娶妻如之何傳曰娶取婦也應師所據毛詩與陸異或

用韓詩及傳也

衡從其畝

釋文曰韓詩作橫由其畝東西耕曰橫南北耕曰由

坊記篇引詩橫從其畝

雄狐綏綏

玉篇夂行遲皃詩云雄狐夂夂今作綏

甫田三章章四句

卝

周官經卝人即此字俗分別誤

突而弁兮

正義曰若猶耳也故箋言奕耳加冠爲成人猗嗟頎
若言若者皆然耳之義古人語之異耳定本云奕而
弁兮不作若字

盧令三章章二句

盧令令

正義作鈴鈴玉裁按廣雅鈴鈴聲也孫綽賦振金策
之鈴鈴　董逌曰韓詩作盧泠泠　說文引盧獜獜

鬈

鄭箋云鬈讀當爲權權勇壯也玉裁按今本注疏作
權勇壯也不可解攷說文捲气勢也引國語予有捲

勇今齊語子之鄉有拳勇小雅無拳無勇皆作拳張參五經文字權字注云從手作攉者古拳握字然則鄭箋攉字从手非从木與捲勇拳勇字同今字書佚此字而僅存於張參之書也吳都賦覽將帥之攉勇李善注曰毛詩曰無拳無勇拳與攉同今俗刻文選譌誤不可讀矣

偲

毛傳偲才也鄭箋才多才也

敝笱三章章四句

鰥

毛傳大魚鄭箋魚子正義曰鯤魚子釋魚文鯤鯀字異蓋古字通用或鄭本作鯤也

其魚唯唯

陸德明曰韓詩作其魚遺遺言不能制也　玉篇遺遺魚行相隨　廣韻五旨遺魚盛皃

載驅四章章四句

茀

爾雅作笰毛詩碩人載驅采芑韓奕作茀易婦喪其茀亦作笰玉裁按玉篇竹部笰輿後笰也詩曰簟笰朱鞹

鞹

說文作鞹引論語虎豹之鞹　又鞹字注引鞹鞃淺幭今詩作鞟　五經文字曰鞹空郭反此說文字論語及釋文並作鞟　唐石經作鞹　明馬應龍本作鞹　欽定詩經傳說彙纂作鞹今本作鞟誤

發夕

韓詩發旦也玉裁按從韓是發夕即旦夕也又按方言發舍車也東齊海岱之間謂之發郭注今通言發寫也詩發夕蓋猶發寫古夕寫字皆在弟五部同部假借東原先生亦云發夕猶發卸也卸古音亦在弟

五部

瀰瀰

釋文爾爾本亦作瀰

齊子豈弟

鄭箋云此豈弟猶言發夕也豈讀當爲闓弟古文尚書以弟爲圛圛明也　正義曰箋以爲上云發夕此當爲發夕之類故云此豈弟猶發夕言與其餘豈弟不同也讀豈爲闓說文云闓開也洪範稽疑論卜兆有五日圛注云圛者色澤光明葢古文作弟今文作圛賈逵以今文校之定以爲圛故鄭依賈氏所奏從

定爲圛云古文尙書以弟爲圛圛明也上言發夕謂
初夜卽行此言闓明謂侵明而行釋言云豈弟發也
舍人李巡孫炎郭璞皆云闓明發行定本云此豈弟
發也猶言發夕又云弟古文尙書以爲圛更無弟字

玉裁按鄭以闓圛麗發夕但以韵求之圛在五部
濟瀰弟同在十五部圛與濟瀰不爲韵上章發夕或
從韓詩旦夕之義或從東原先生爲發卽之假借未
嘗非疊字麗句也

猗嗟三章章六句

頎而長兮

正義曰若猗然也此言頎若長兮史記孔子世家稱孔子說文王之狀云黯然而黑頎然而長是知爲長貌也今定本云頎而長兮

名兮

爾雅目上爲名郭注眉眼之閒玉裁按薛綜西京賦注眳眉睫之閒是其字可从目作眳也　玉篇顯莫丁切詩云猗嗟顯兮顯眉目閒也

清揚婉兮

玉篇睕眉目之閒美皃韓詩曰淸揚睕兮今作婉玉裁按野有蔓艸淸揚婉兮毛傳曰婉婉然美也猗

嗟清揚婉兮毛傳曰婉好眉目也玉篇所引韓詩正

同猗嗟毛傳訓釋

舞則選兮

陸士衡日出東南隅行雅舞播幽蘭李注韓詩舞則

選兮薛君曰言其舞則應雅樂也

四矢反兮

釋文曰韓詩反作變變易也

詩經小學卷八

詩經小學卷九

金壇段玉裁撰

魏（說文作巍）

葛屨二章章六句

摻摻女手

說文引攕攕女手　孔沖遠引古詩纖纖出素手古詩纖纖出素手李善注曰韓詩曰纖纖女手薛君曰纖纖女手之貌

要之

毛傳要䙅也

好人提提

爾雅曰懕懕媞媞安也郭注皆好人安詳之容邢疏引詩好人媞媞　王逸楚辭七諫注曰媞媞好皃也詩曰好人媞媞　檀弓吉事欲其折折爾讀大兮反鄭注安舒皃詩曰好人提提

宛然左辟

說文僻避也从人辟聲詩曰宛如左僻

汾沮洳三章章六句

言采其莫

齊民要術說藄卽今英蔾引詩彼汾沮洳言采其英

此葢因下章美如英之句而誤憶也據陸璣疏莫亦
非綦

園有桃二章章十二句

我歌且謠

說文䚻徒歌　爾雅徒歌謂之謠　廣韵䚻喜也詩
云我歌且䚻　玉裁按爾雅䚻喜也郭注曰檀弓陶
斯詠詠斯猶猶卽䚻也

陟岵三章章六句

父曰嗟

隸釋石經魯詩殘碑父兮父字闕一　曰嗟予子行役夙

夜毋已尚愼玉裁按父下所闕之一字亦必兮字疊上文父兮而言也近有依隸釋刻石經數紙父下不闕非也

父曰嗟予子母曰嗟予季兄曰嗟予弟

皆五字句予子與已止韵季與寐棄韵弟與偕从韵行役夙夜無已六字句

陟彼屺兮

爾雅無艸木峐釋文曰三蒼字林聲類竝云峐猶屺字音起　毛傳山有艸木曰屺無艸木曰岵爾雅及說文皆反易之玉裁按爾雅說文誤也岵之言瓠落

也屺之言荄滋也岵有陽道故以言父無父何怙也

屺有陰道故以言母無母何恃也

猶來無棄

郭注爾雅引詩猷來無棄

伐檀三章章九句

河水淸且漣猗

爾雅釋水篇曰河水淸且瀾漪大波爲瀾釋文瀾亦作瀾漪本又作猗　說文瀾字注大波爲瀾或作漣瀾字注潘也　小雅烝涉波矣鄭箋云與衆豕涉入水之波漣是以漣爲瀾也　左思吳都賦濯明月於

漣漪劉淵林注風行水成文曰漣漪詩曰河水清且漣漪清且漣漪者水極麗也　玉裁按漣直淪皆韵猗同兮詞也呂氏春秋塗山氏女作歌曰候人猗尚書斷斷猗大學篇作斷斷兮漣猗誤爲漪蓋起於左思說文無漪字又吳都賦彫啄蔓藻刷盪漪瀾李善注漪蓋語辭也毛詩河水清且漣漪按善注則左賦故作猗不从水　隸釋魯詩殘碑兮不稼不嗇胡取禾三百廛兮此可證毛詩作猗即兮字也

坎坎伐輪兮

石經魯詩殘碑欿欿伐輪兮隸釋云毛作坎玉裁按

此則首章二章魯詩皆作欿欿廣雅曰欿欿聲也

寘之河之漘兮

周易乾鑿度大壯表握訴龍角大展當作脣　鄭注云井二則坎爲水有脣詩云寘之河之脣

碩鼠三章章八句

碩鼠

鄭氏周易晉九四晉如鼫鼠引詩云鼫鼠鼫鼠无食我黍謂大鼠也見易正義　陸璣云碩鼠非五技鼫鼠也

三歲貫女

隸釋魯詩殘碑三歲宦女

詩經小學卷九

詩經小學卷十

金壇段玉裁撰

唐

蟋蟀三章章八句

蟋蟀

說文作悉䘀　爾雅作蟋蟀陸云本或作蟋䘀

山有樞三章章八句

山有樞

爾雅樞荎郭注今之刺榆釋文樞烏侯反本或作蓲

毛傳樞荎正義曰樞荎釋木文釋文曰樞本或作

蓲烏侯反　漢書地里志山櫙顏師古曰櫙音甌聲韻考曰詩山有樞字本作櫙烏侯反刺榆之名或不加反音讀如戶樞之樞則失之矣　洪适隸釋魯詩殘碑作山有蓲　玉裁按魯詩作蓲毛詩作櫙亦作蓲相承讀烏侯反唐石經譌爲戶樞字而俗本因之

弗曳弗婁

玉篇詩曰弗曳弗摟摟亦曳也本亦作婁

他人是愉

鄭箋愉讀曰偷偷取也　西京賦鑑戒唐詩他人是

媮薛注引詩他人是媮　漢書地里志引詩他人是
媮

洒埽
說文灑汛也汛灑也洒滌也古文以爲灑埽字玉裁
按毛詩弗洒弗埽洒埽穹窒於粲洒埽洒埽庭內及
論語洒埽應對皆作洒若曲禮於大夫曰僃埽灑則
作灑蓋漢人用灑埽字經典借洒滌字爲灑用洒埽
字故說文於洒字注云古文以爲灑埽字攷毛公詩
傳韋昭國語注皆云洒灑也言假洒爲灑也

揚之水三章二章章六句一章四句

素衣朱繡

儀禮士昏禮宵衣注曰宵讀爲詩素衣朱綃之綃魯詩以綃爲綺屬也　禮記郊特牲繡黼注曰繡讀爲綃綃繒名也詩云素衣朱綃又云素衣朱襮　特牲饋食禮宵衣注曰宵綺屬也此衣染之以黑其繒本名曰綃詩有素衣朱綃禮有元綃衣

我聞有命不敢以告人

荀卿臣道篇曰時窮居於暴國而無所避之則崇其美隱其敗言其所長不稱其所短以爲成俗詩曰國有大命不可以告人妨其躬身玉裁按此所引卽揚

之水之三章也前二章皆六句此章四句殊太短左傳有言臣之業在揚水卒章之數言者恐漢初傳之者有脫誤沅案今左傳實作四言不作數言此不知所據何本

椒聊二章章六句

椒

說文作茮

蕃衍盈升

文選景福殿賦注引詩椒聊之實蔓延盈升　曹子建求通親親表注引詩椒聊之實蔓延盈升

綢繆三章章六句

見此粲者

廣韵㛑字注曰詩傳云三女爲㛑又美好皃詩本亦作㛑說文又作𡚁

有杕之杜二章章九句

有杕之杜

顏氏家訓曰杕木旁施大傳曰獨皃江南本皆爲杕而河北本皆爲夷狄之狄讀亦如字此大誤也　郭忠恕曰北齊河北毛詩本多作狄

睘睘

釋文本亦作煢煢　王逸九思注引詩獨行煢煢

李善思元賦注引毛詩獨行煢煢　說文引詩獨行

睘睘

杕杜二章章六句

噬肯適我

釋文曰噬韓詩作逝　玉裁按毛傳及方言噬逮也

爾雅作遾逮也爲正字

采苓三章章八句

采苓采苓

玉裁按苓大苦也枚乘七發蔓艸芳苓借苓爲蓮楊

雄反離騷愍吾纍之衆芬兮颺煜煜之芳苓遭季夏

之凝霜兮慶夭顇而喪榮亦借苓爲蓮曹植七啟搴
芳苓之巢龜亦借苓爲蓮漢人葢讀蓮如鄰故假借
苓字史記龜策傳龜千歲乃遊蓮葉之上徐廣曰蓮
一作領聲相近假借是又借領爲蓮也顏師古注漢
書楊雄傳但云苓香艸名不知爲蓮之假借字李善
注文選於七發直聽斷曰古蓮字於七啟又曰與蓮
同皆不指爲假借以致朱彝尊引李注證唐風苓即
蓮其說曰水華而采於山顛喻人言之不足信若然
豈首陽之下必無苦首陽之東必無葑乎由六書假
借之不明以滋異說爾　漢時假借甚寬如借苓領

爲蓮可證

首陽之顚

今本作巔俗字也

詩經小學卷十

詩經小學 卷一 五

詩經小學卷十一　　金壇段玉裁撰

秦

車鄰三章一章四句二章章六句

鄰鄰

五經文字轔車聲詩亦作鄰　九歌乘龍兮轔轔王逸注轔轔車聲詩云有車轔轔也釋文作輪音轔文選東京賦隱隱轔轔注轔轔車聲也　藉田賦接游車之轔轔李善注引毛詩有車轔轔　王融三月三日曲水詩序注毛詩曰有車轔轔

駟驖三章章四句

駟驖

說文引詩四驖孔阜　漢書地里志四载　班固東都賦歷騶虞覽駟鐵　玉裁按驖漢書作臷譌作载

孔阜

石鼓文我馬既[illegible]

輶車鸞鑣

說文引輶車鑾鑣

載獫歇驕

爾雅長喙獫短喙獥獢郭注引詩載獫猲獢爾雅釋

文曰獵字林作猲釋文作獵乃獵之譌　西京賦屬車之蓬載獫獵獢李善注引毛詩輶車鸞鑣載獫獵獢　說文猲短喙犬也从犬曷聲詩曰載獫猲獢廣韵猲獢短喙犬也獵同

小戎三章章十句

靷

陸德明曰靷本又作靳

鋈

此篇三言鋈說文鋈字下不一引而錞字下引厹矛沃錞軜字下引沃以觼軜字皆作沃則知許所據毛

詩皆作淇也爾雅白金爲之銀其美者謂之鐐本無鋈字毛公云淇白金也淇蓋卽鐐字之假借芺聲尞聲同在古音弟二部說文鋈白金也蓋後人據毛傳增之

茵

說文曰司馬相如作鞇

騧

郭忠恕曰宋明帝改騧爲䯄

鬵

說文鬵或作鎘

鋈錞

禮記進矛戟者前其鐓　玉裁按說文鐜下垂也錞矛戟柲下銅鐏也詩曰厹矛沃錞是其字以秦風爲正也

蒙

鄭箋作厖玉裁按厖同尨

蒙伐有苑

說文瞂盾也从盾犮聲　玉篇瞂盾也詩曰蒙瞂有苑本亦作伐瞂同瞂　史記蘇秦列傳吷芮索隱曰吷同瞂謂楯也芮謂繫楯之紛綬也

竹閉緄縢

攷工記鄭注引詩竹䪐緄縢䪐弓紲　士喪禮鄭注

引詩竹柲緄縢

厭厭

爾雅懕懕媞媞安也

蒹葭三章章八句

蒹葭凄凄

釋文曰本亦作萋萋

伊人

鄭箋云伊當作緊緊猶是也

遡洄遡游

說文㴑或作遡　爾雅作泝洄泝游泝卽㴑之俗

坻

作坻誤坻繫隴坻字　說文坻小渚也或作𣲙或作渚

終南二章章六句

條

爾雅柚條釋文又作樤　毛傳條槄也與爾雅異

顏如渥丹

釋文云韓詩顏如渥沰按渥沰卽邶風之沃赭也古

者聲石聲同在弟五部

有紀

釋文曰本亦作屺　正義曰集注本作屺定本作紀

黃鳥三章章十二句

交交黃鳥止于棘

正義曰詩句有七言者交交黃鳥止于棘　玉裁按

各本皆作章十二句則云七言者非是

百夫之防

毛傳防比也按盇同方

晨風三章章六句

鴥

亦作鴪爾雅注引詩鴪彼晨風

晨風

爾雅釋文曰晨或作鷐　說文鷐鷐風也

鬱彼北林

鄭司農考工記注菀讀如宛彼北林之宛

苞

爾雅樸枹者注詩所謂棫樸枹櫟又如竹箭曰苞釋

文本或作枹

六駁

說文駮駁異字晨風傳云倨牙食虎豹之獸是駮字也東山傳云駵白駁是駁字也陸璣云梓榆樹皮如駁馬則晨風宜作駮陸意六駮與苞櫟爲類按鵲巢旨苕鷊旨鷊之等不必駮與櫟皆爲樹也

檖

說文檖羅也从木㒸聲詩曰隰有樹檖　爾雅同詩作檖

無衣三章章五句

與子同澤

說文襗絝也　鄭箋襗褻衣近污垢

渭陽二章章四句

悠悠我思

爾雅釋訓篇儵儵陸德明曰樊本作攸引詩攸攸我思

權輿二章章五句

夏屋渠渠

文選靈光殿賦注引崔駰七依夏屋蘧蘧

詩經小學卷十一

詩經小學卷十二

金壇段玉裁撰

陳

宛丘三章章四句

子之湯兮

王逸離騷注引詩子之蕩兮

無冬無夏

漢書地里志作亡冬亡夏

東門之枌三章章四句

婆娑其下

說文作媻娑引詩市也媻娑

越以鬷邁

玉篇𢔶數也詩曰越以𢔶邁

衡門三章章四句

衡門

孔沖遠曰衡古文橫假借字也

可以樂飢

鄭箋作㾪唐石經從之

墓門二章章六句

墓門有梅有鴞萃止

天問何繇鳥萃棘而負子肆情王逸注解居父聘吳過陳之墓門見婦人負其子欲與之淫泆肆其情欲婦人則引詩刺之曰墓門有棘有鴞萃止故曰繇鳥萃棘也 玉裁按以列女傳其棘則是其鴞安在繹之此篇二章悔故作棘今本列女傳墓門有棋疑後人改也

歌以誶止

爾雅誶告也釋文曰誶沈音粹郭音碎 說文誶讓也从言卒聲國語曰誶申胥 廣韵上六至誶字注詩云歌以誶止 玉裁按誶與訊義別誶多譌作訊如

爾雅誶告也釋文曰本作訊音信說文引國語誶申胥今本國語作訊申胥詩經歌以誶止誶予不顧毛傳誶告也莫肯用誶鄭箋誶告也正用釋詁文而釋文誤作訊以音信爲正賴王逸離騷注及廣韻所引可正其誤耳廣韻引歌以誶止東原先生曰此句止字與上句止字相應爲語辭凡古人之詩韻在句中者韻下用字不得或異三百篇惟不可休思思譌作息與此處止譌作之失詩句用韻之通例得此正之尤稽古所宜詳覈　列女傳作歌以訊止誶譌訊而止字不誤

誶予不顧

離騷謇朝誶而夕替王逸注引詩誶予不顧

防有鵲巢二章章四句

邛有旨苕

齊民要術引我有旨苕此因我有旨蓄之句而誤或疑邛當作卭卭我也非是

邛有旨鷊

說文虉綬也从艸鶪聲詩曰邛有旨虉　爾雅虉綬釋文云又作鷊　玉篇虉小草有襍色似綬詩曰邛有旨虉

侜

尙書作譸張陳風作侜他書或作輈張

美

韓詩作娓美也

懆懆

說文或作慘玉裁按屈賦九章云悼來者之慘慘

月出三章章四句

月出皎兮

月賦注引月出皦兮

佼人

陸德明曰佼又作姣方言云自關而東河濟之間好
謂之姣

僚

史記索隱司馬相如傳上林賦注引毛詩姣人嫽兮

勞心慘兮

毛晃曰詩小雅白華篇念子懆懆陸音七倒反又引
說文七感反云亦作慘北山詩或慘慘劬勞陸音七
感反字亦作懆葢俗書懆與慘更互譌舛陸氏不加
辨正而互音之非也白華詩懆字當作草慥二音不
當音七感反字作慘者亦非北山詩慘字當作七感

反字不當作懆又陳風月出詩勞心慘兮當作懆誤作慘　陳第曰當改从懆　顧亭林云五經文字作懆玉裁考張參五經文字懆千到反見詩慘七敢反悽也未詳亭林所據

株林二章章四句

胡爲乎株林從夏南兮匪適株林從夏南兮

正義曰定本無兮字玉裁按有兮字爲善

澤陂三章章六句

有蒲與荷

鄭箋夫渠之莖曰荷　正義如爾雅則夫渠之莖曰

茄此言荷者意欲取莖爲喻亦以荷爲大名故言荷耳樊光注爾雅引詩有蒲與茄然則詩本有作茄字者也

傷如之何

爾雅陽予也郭注曰魯詩云陽如之何今巴濮之人自呼阿陽

蕑

鄭箋當作蓮玉裁按方秉蕑兮韓詩蕑蓮也又按鄭箋說詩稍泥乃欲改蕑爲蓮意在三章一律蓮與荷菡萏皆屬夫渠詩人不必然也權輿詩亦欲以後章

律前章釋夏屋爲食具不知首句追念始居夏屋次句言今每食無餘次章承每食二字又將今昔比較三每食字蜎蠷縒綜氣見文章之妙載驅欲改豈弟爲圛與發夕儷何然而以韵求之非矣盧令二章改鬈爲拳勇字亦非

菡萏

爾雅作菡萏說文作菡藺　釋文菡本又作莟又作欿萏本又作欿

碩大且儼

說文引碩大且媠重頤也王伯厚以說文爲韓詩之

說

輾

釋文輾本又作展　文選張華襍詩注引韓詩寤寐

無爲展轉伏枕

詩經小學卷十二

詩經小學　卷十二　十六

詩經小學卷十三

金壇段玉裁撰

檜

羔裘三章章四句

羔裘逍遙

王逸九歌注引狐裘逍遙誤也

素冠三章章三句

棘人欒欒兮

正義曰傳云棘急也此釋言文釋言棘作悈音義同

說文引棘人臠臠兮

勞心慱慱兮

思[元]賦注引勞心摶摶

隰有萇楚三章章四句

萇楚

爾雅長楚銚弋釋文本亦作萇

猗儺其荂

宋玉九辯紛旖旎乎都房王逸注旖旎盛貌詩云旖旎其華洪興祖曰文選作猗柅集韵作旖旎　劉向九歎結桂樹之旖旎王逸注旖旎盛皃詩云旖旎其荂　玉裁按說文旖注旗旖施也木部檹注木旖施

無旎字

匪風三章章四句

匪車偈兮

漢書王吉傳諫昌邑王疏詩云匪風發兮匪車揭兮顧瞻周道中心惻兮說曰是非古之風也發發者是非古之車也揭揭者葢傷之也

中心怛兮

王吉傳中心惻兮

漑之釜鬵

說文摡滌也从手既聲詩曰摡之釜鬵　玉裁按周

官經作槪

詩經小學卷十三

詩經小學卷十四

金壇段玉裁撰

曹

蜉蝣三章章四句

蜉蝣

說文𧕄蟟一曰浮游朝生莫死者　爾雅釋文蝣本又作蜏蜏謝音蜏　方言蜉蜏蝶蟹

衣裳楚楚

說文䶥合五采鮮色詩曰衣裳䶥䶥

掘閱

說文堀突也詩曰蜉蝣堀閱　古閱穴通宋玉風賦枳句來巢空穴來風枳句空穴皆重疊字枳句即說文之積秵木曲枝也鄭康成明堂位注曰椇之言枳椇也謂曲橈之也枳椇即積秵陸璣云椇曲來巢也空穴即孔穴善注引莊子空閱來風司馬彪云門戶孔空風善從之道德經塞其兌閉其門兌即閱之省假借字也詩掘閱掘蓋堀之誤古書堀譌掘者不可枚數說文堀下引浮游堀閱堀閱是雙字猶孔穴言浮游出孔穴中也傳云容閱即史所謂公卿容頭過身孟子事是君則爲容悅容悅即傳之容閱也箋云

掘閱掘地解閱二掘字亦是堀之譌鄭意謂出於窟中而解脫變化說閱與毛異

候人四章章四句

何戈與祋

禮記樂記篇鄭注引詩荷戈與綴釋文荷本又作何

彼其之子

表記引詩彼記之子不稱其服　左氏傳僖二十四年引詩彼己之子不稱其服

芾

玉裁按說文巿韠也天子朱巿諸侯赤巿篆文作韍

韠韍也所以蔽前从韋畢聲鄭康成注禮記韠韍皆言蔽也或偺黻字爲之如論語致美乎黻冕是也或偺芾字爲之如詩候人斯干釆叔皆作芾是也或偺沛字爲之如易豐其沛一作芾鄭康成云蔽厀是也或偺茀字爲之如李善引毛詩赤茀在股引毛詩朱茀斯皇釋文曰三百赤芾一作茀廣韵曰茀同芾是也或偺紱字爲之如乾鑿度朱紱方來困於赤紱是也紱綬也出倉頡篇見李善文選注黻黑與青相次文也芾小也見爾雅毛傳茀道多艸不可行也沛水也各有本義而方言蔽膝謂之袚說文袚袚蠻夷衣一曰蔽厀方言蔽厀

江淮之閒謂之韠說文韠韍郤是韍字韠字又韍郤之異名又鄭康成周易豐其沛作韋云韍郤也

維鵜在梁

說文鵜或作鴺　玉裁按說文鷖字注引詩鳧鷖在梁恐誤

不濡其咮

玉篇引不濡其噣　五經文字噣張救反見詩風

薈兮蔚兮

說文女部嬒女黑色也从女會聲詩曰嬒兮蔚兮又艸部薈艸多皃从艸會聲詩曰薈兮蔚兮

鳲鳩四章章六句

鳲

釋文本亦作尸玉裁按方言尸鳩東齊海岱之閒謂之戴南南猶鵀也

兮

禮記緇衣篇詩曰淑人君子其儀一也　淮南子詮言訓引詩淑人君子其儀一也其儀一也心如結也

其弁伊騏

鄭箋騏當作綦　周禮弁師玉璂注璂讀爲薄借綦之綦綦結也皮弁之縫每貫結五采玉十二以爲飾

謂之綦詩云其弁伊綦

下泉四章章四句

冽彼下泉

毛傳冽寒也大東傳冽寒意也唐石經竝誤作洌詩本音亦誤攷易井洌字从水列聲清也詩冽彼下泉有冽氿泉字从仌列聲寒也東京賦元泉洌清薛注洌澄清皃善注引冽彼下泉誤

浸彼苞稂

鄭箋稂當作涼涼草蕭蓍之屬

愾我寤歎

玉篇引嘅我寤歎　王逸九歎注引詩慨我寤歎

詩經小學卷十四

詩經小學卷十五

金壇段玉裁撰

豳郭忠恕佩觿曰唐明皇改豳爲邠因似豳而致誤也

七月八章章十一句

一之日觱發

說文仌部滭注風寒也冹注一之日滭冹

二之日栗烈

孔沖遠冽彼下泉疏曰七月云二之日凓冽字从仌是遇寒之意　說文凓寒也玉裁按五經文字仌部有凓字知七月作凓也　文選風賦憯悽惏慄注引

毛詩傳慄冽寒氣也文選古詩十九首注云毛詩曰二之日栗冽毛萇曰栗冽寒氣也　長笛賦正劉溧以風冽注引毛傳溧寒也是此溧字今本誤凓又冽誤洌注引說文冽清也非是云冽寒貌爲不誤耳廣韵十七薛冽寒也五質凓冽寒風　玉篇凓冽寒皃冽寒气也　玉裁按今本說文遺冽字有冽氿泉正義引說文冽寒皃又高唐賦注引字林冽寒風也嘯賦注引字林冽寒皃是唐時說文字林均有冽字今說文有凓無冽冽譌爲瀨　釋文栗烈說文作颲颲攷今說文風部颲颲字注不引此詩　玉裁按舉

沷溧洌皆疊韵字以說文爲正滭溧字在弟十二部沷洌字在弟十五部如氤氳壹鬱之類觱發栗烈字皆音之譌小雅觱沸檻泉司馬相如賦作滭沸一作滭浡觱古文詩字在十五部說文火部燁爗火皃上字十二部下字十五部正與滭沷滭沸同觱从角𤎰聲當爲沷沸字之假借不爲滭滭字之假借且其字不古雅當以說文所引爲正

耜

說文枱耒耑也或作鈶籀文作辝

田畯至喜

鄭箋喜讀爲饎酒食也

萑

說文从艸萑聲　五經文字曰萑从艸下萑今經典或相承隸省省艸作萑　玉裁按萑从艸萑聲下从萑雀之萑唐石經誤作藋而後改正之今七月小弁萑字皆模糊也

蠶月條桑

條桑箋各本不同今本云枝落之采其葉馬應龍本無之字惟初學記引作支落其葉桑柳醜條鄭云枝落其葉落如我落其實之落僮約云落桑皮棳毛於

條桑無傳於遠揚曰遠枝遠也揚條揚也强者爲枝弱者爲條此云條揚則知條桑者條其下垂不揚起之條采其葉也斧斨伐遠揚者伐其遠人之枝揚起之條也毛意條桑伐遠揚爲二事鄭箋則取彼斧斨二句爲條桑之實要之皆不改經條字爲挑也玉篇挑撥也詩曰蠶月挑桑此叚爲俗本

七月鳴鶪

正義曰王肅云蟬及鶪皆以五月始鳴今云七月其義不通也古五字如七夏小正五月鴂則鳴

鶪

从鳥狊聲俗譌作鶪　明堂月令五月鶪始鳴趙邠
卿孟子注引詩七月鳴鵙云應陰而後動者也繹趙
意亦是五月鳴鶪鶪作鵙非是

四月秀葽
夏小正四月秀幽

蜩
說文曰或作蚒

貉
說文作貈

豜

齊風作肩

莎

釋文曰沈重云舊多作沙今作莎音素何反

曰爲改歲

漢書食貨志引聿爲改歲

六月食鬱及薁

說文藿艸也詩曰食鬱及藿玉裁按掌禹錫等本艸嘉祐補注蘇頌本艸圖經皆引食鬱及藿爲韓詩訓以尒正藿山韭　上林賦隱夫薁棣潘岳閒居賦梅杏郁棣張揖上林賦注曰薁山李也李善閒居賦注

曰郁今之郁李郁與薁音義同

菽

說文尗豆也象尗豆生之形也無菽字

叔

說文叔或作村

薪樗

毛傳樗惡木也廣韵誤作榑惡木玉篇亦誤作榑惡木爾雅栲山樗說文柷山樗今本說文誤作山榑

重穋

說文種先種後孰也从禾重聲稑疾孰也从禾坴聲

詩曰黍稷種稑稑或作穋穜埶也从禾童聲玉裁按
說文種爲種稑穜爲穜植呂氏字林同見五經文字
　詩作重穋周官經作穜稑

上入執宮公

今本公作功誤也宋蘇箋云公事也天保靈臺傳云
公事也此箋云治宮中之事正義云言治宮中之事
則是訓公爲事經當云執宮公本或公在宮上誤耳
今定本執宮功不爲公字玉裁按今襲唐定本之誤
六月傳云公功也今俗人用膚功亦非

納于凌陰

說文引納于賸陰賸冰室也或作凌

四之日其蚤

禮記王制篇注引詩四之日其早獻羔祭韭高誘呂覽仲春紀注引亦作早

獻羔

禮記月令篇作鮮羔

朋酒斯饗

按毛傳說文皆以饗爲鄉飲酒今本誤作亯

萬壽無疆

月令鄭注引詩十月滌場朋酒斯饗曰殺羔羊躋彼

公堂稱彼兕觵受福無疆

疆

爾雅釋文曰壃字又作畺音姜經典作彊假借字

鴟鴞四章章五句

迨天之未陰雨

說文隸及也从隶眔聲詩曰隸天之未陰雨

徹彼桑土

陸釋文云土韓詩作杜　方言杜根也東齊曰杜郭璞注云詩曰徹彼桑杜是也　字林作㪿桑皮也見釋文

今女下民

孟子引詩今此下民

蓄租

釋文蓄本亦作畜租子胡反本又作祖如字　正義祖訓始也物之初始必有爲之故毛傳云祖爲也

予羽譙譙予尾消消

正義曰予羽譙譙然而殺予尾消消然而敝又曰定本消消作翛翛也　釋文譙或作燋　玉裁按岳珂九經三傳沿革例曰鴟鴞予尾翛翛監本蜀本越本皆作修修興國本及建寧本作翛翛及考疏則曰舊

本作消消定本作修修任氏大椿刊本誤從羽又考釋文則翛素彫反蓋越蜀監本以疏為據與建諸本以釋文為據也今從釋文岳語止此玉裁謂修字是因修訓㪟也淺人乃改其字從羽作翛耳修與翹搖曉合韵也岳氏所見正義云定本作修修今本正義皆譌云定本作翛翛矣唐石經宋集韵四宵光堯御書石經呂氏讀詩紀皆作脩脩脩與修同也集韵四宵云脩脩羽㪟也或作翛翛⿲亻月毛此合數本為言也廣韵三蕭云翛羽翼㪟皃⿲亻月毛同按翛⿲亻月毛即作消消之本也作消冣俗而翛與⿲亻月毛尤俗

風雨所漂搖

尙書大傳禦聽于怢攸鄭注攸讀爲風雨所漂飄之飄

予維音嘵嘵

說文嘵懼也从口堯聲詩曰唯予音之嘵嘵　廣韵嘵懼聲詩曰予維音之嘵嘵　玉篇引詩予維音之嘵嘵

東山四章章十二句

零雨其濛

說文霝雨零也从雨㗊象零形詩曰霝雨其濛　后

鼓文遯來自東霝雨奔流亦作霝　楚辭七諫微霜
降之蒙蒙王逸注蒙蒙盛皃詩曰零雨其蒙　書洪
範七稽疑曰蒙本作曰雺孔氏正義曰雺聲近蒙詩
云零雨其蒙則蒙是闇之義故孔傳以雺爲兆蒙陰
闇也

蠋

說文蜀葵中蠶也从虫上目象蜀頭形勹象其身蜎
蜎詩曰蜎蜎者蜀　淮南子曰蠶與蜀相類而愛憎
異也

果臝之實

說文苦蔞果蓏也

伊威

爾雅蛜威委黍釋文蛜本今作伊威本或作蝛　說文蛜威委黍委黍鼠婦也蛜从虫伊伊省聲

蠨蛸

爾雅蟰蛸長踦釋文蟰詩作蠨　說文蟰蛸長股者廣韵蟰蛸蟲一名長蚑出崔豹古今注　玉裁按蟰正蠨譌風雨之潚誤爲瀟益可證也一切經音義引作蟰蛸在戶云上音肅下音蕭此古字古音也勝於釋文遠矣

町畽鹿場

說文疃禽獸所踐處也詩曰町疃鹿場玉裁按古重童通用廣韵疃亦作畽亦作畯　王逸九思鹿蹊兮躖躖亦作𨇨音吐管切卽疃字也按說文躖踐處也

集韵作𨇨

熠燿宵行

廣韵十八藥云蛁蝓螢火別名

不可畏也

俗本誤作亦可畏也

伊可懷也

詩經小學　卷十五

鄭箋云伊當作緊緊猶是也

鸛鳴于垤

說文雚小爵也从萑吅聲詩曰雚鳴于垤　又垤字注引詩鸛鳴于垤又鳳字注鸛顙

烝在栗薪

韓詩烝在蓼薪眾薪也玉裁按廣韵蓼同蓼蕭蓼我之蓼有敦瓜苦烝在栗薪毛傳云敦猶專專烝眾也言我心苦事又苦也毛意此二句於六詩爲比內而心苦外而事苦正如眾苦瓜之繫於栗薪合之韓詩栗作蓼亦無析薪之意鄭箋以瓜苦爲比析薪爲賦

失毛意而失詩意矣軍士在師中至苦而不見其室者三年故光武之冊陰后亦曰自我不見于今三年也

栗薪

鄭箋云栗析也古者聲栗裂同也　玉裁按㮚在十二部裂在十五部異部而相通近也

皇駁

爾雅駵白駁黃白騜郭注引詩騜駁其馬　顧亭林詩本音作駮誤駮倨牙食虎豹之獸也見詩晨風

駁一作駮誤

狼跋二章章四句

狼跋其胡

李善西征賦注文字集略曰狼狽猶狼跋也孔叢子曰吾於狼狽見聖人之志　又陳情表注同　玉裁按孔叢子狼狽謂狼跋之詩也狽卽跋字跋⿰足貝古通用說文跋注蹎也⿰足貝注步行獵跋也無狽字狽卽⿰足貝之譌因狼从犬而⿰足貝誤从犬猶榛榛狉狉俗因狉从犬而榛誤从犬作獉狉蕩詩顚沛卽蹎跋之假借毛傳顚仆也沛跋也今誤拔沛跋⿰足貝同在弟十五部今沛⿰足貝讀去聲古與跋同入聲是以通用假借自去入歧

分罕知顚沛卽蹎跋之假借且罕知狽卽跟之譌跟卽跋之通用字酉陽襍俎又妄言狼狽二獸如蛩蛩之與蟨迷誤日甚不足與辨矣

載疐其尾

說文蹪跲也詩曰載蹪其尾

公孫

鄭箋云公周公也孫讀當如公孫于齊之孫孫之言孫遁也

赤舄几几

說文㞋字注引赤舄己己又掔字注引赤舄几几

詩經小學卷十五

詩經小學卷十六

金壇段玉裁撰

小雅 小雅學記作宵雅 說文曰疋足也古文以爲詩大雅字

鹿鳴之什

鹿鳴三章章八句

呦呦

說文呦或作嚘

示我周行

鄭箋示當作寘寘置也

視

鄭箋視古示字也　正義曰古之字以目視物以物示人同作視視字後世字異目視物作示傍見示人物作單示字由是經傳之中視與示字多相襍亂此云視民不恌謂以先王之德音示下民當作單示字而作視字是其與今字異義殊故鄭辨之視古示字也言古作示字正作此視辨古字之異於今也禮記云幼子常視無誑注云視今之示字也言古視字之義正與今之示字同言今之字異於古也士昏禮曰視諸衿鞶注云示之以衿鞶者皆託戒使識之也視乃正字今文作示俗誤行之言示之以衿鞶亦宜作示

而古文儀禮作視字今文作示字示字合於今世示人物之字恐人以爲示是視非故辨之云視乃正字而今文視作示者俗所誤行以見今世示人物爲此示字因改視爲示而非古之正文故云誤也

視民不恌

說文佻愉也愉薄也詩曰視民不佻　玉篇引詩視民不佻

湛

衛風作耽

四牡五章章五句

周道倭遲

釋文曰韓詩作倭夷　文選秋胡詩行路正威遲注曰毛詩周道倭遲韓詩周道威夷其義同　漢書地理志曰詩周道郁夷師古曰詩周道倭遲韓詩作郁夷　玉裁按堯典宅嵎夷堯本紀作居郁夷陸德明云尚書考靈耀及史記作禺銕　文選謝莊宣貴妃誄注引毛詩周道逶遲

嘽嘽駱馬

說文引嘽嘽駱馬嘽喘息也又引痑痑駱馬痑馬病也

雛

爾雅釋文隹如字旁或加鳥非也　玉裁按釋文誤
也說文雛祝鳩也从鳥隹聲祝鳩卽爾雅䳕其鳺鴀
之鳥亦名鵓鳩

皇皇者華五章章四句

皇皇者華

毛傳皇皇猶煌煌也

駪駪征夫

毛傳詵詵眾多之皃字作詵而義亦同螽斯　宋玉
招魂豺狼從目往來侁侁王逸注侁侁行聲也詩曰

侁侁征夫　廣韻侁行皃詩云侁侁征夫　玉篇往來侁侁行聲詩云侁侁征夫也　說文㸚盛皃讀若詩曰莘莘征夫　晉語姜氏引詩莘莘征夫每懷靡及韋注莘莘衆多也　五經文字曰兟色巾反見詩所云詩者甡甡其鹿也玉篇詵甡兟通用蓋唐時詩有作兟兟其鹿者馬刻兟作兟誤

我馬維駒

釋文曰本作驕　說文馬高六尺爲驕詩曰我馬維驕　玉裁按說文𠈌毛也從人以韵不調改之耳當從驕

常棣八章章四句

常棣之華

爾雅唐棣栘常棣棣說文栘唐棣也棣白棣也唐人云萼不照乎栘華是以常棣爲唐棣正與潘安仁以雌雉爲雄雉同也

鄂

玉裁按毛傳鄂猶鄂鄂然其字當作卾从卩咢聲今詩作从邑地名之鄂者誤也馬融長笛賦不占成節鄂李善注鄂直也從邑者乃地名非此所施又引字林鄂直言也謂節操蹇鄂而不怯懦也从卩咢聲之

字與从邑咢聲迥別坊記鄭注子於父母尙和順不用鄂鄂郊特牲注幾謂漆飾沂鄂也典瑞注鄭司農云瑑有圻鄂瑑起鞹人注鄭司農云環灂謂漆沂鄂如環也哀公問疏幾謂沂鄂也沂鄂字皆从卩不从邑張平子西京賦作垠鍔韵書作圻堮國語穽鄂亦从卩不从邑圻鄂柞鄂皆取廉隅節制意今字書遺鄂字　又按說文無萼字而韡字注引萼不韡韡鄂之誤也攷郭氏山海經注云一曰柎萼下鄂漢晉時本無萼字故景純亦云萼下鄂也　李善注文選引萼不韡韡

不

鄭箋不當作柎古聲不柎同

韡

說文𠌶部韡盛也从𠌶韋聲今作韡誤

原隰裒矣

玉篇曰詩云原隰捊矣捊聚也本亦作裒

脊令

爾雅䳭鴒雝渠釋文䳭本亦作鵖　漢書東方朔傳

譬若䳭鴒飛且鳴矣讀作鶺鴒詩作脊令春秋左氏傳

引詩作鵖鴒婁機班馬字類

外禦其務

春秋左氏傳富辰引詩外禦其侮外傳同　爾雅務侮也言務爲侮之假借　正義曰定本經御作禦訓爲禁集注亦然俗本以傳禦爲御爾雅無訓疑俗本誤也　玉裁按此正義譌脫不可讀當謂定本經作禦傳作禦禁也俗本經作御傳作御禦也正義從定本然御禦也見於谷風傳俗本爲勝又御禦也務侮也兄弟雖内鬩而外禦侮也十六字當是傳文今注疏冠以箋云箋云二字恐誤衍

烝也無戎

劉原父七經小傳云戎當作戉乃與務叶戉亦禦也

玉裁按劉未知務之古音皁耳

儐爾籩豆飲酒之飫

劉逵魏都賦注曰韓詩云賓爾籩豆飲酒之醧能者飲不能者已謂之醧　廣韵十虞醧能者飲不能者止也　玉裁按說文醧私宴飲也正與毛傳飫私也合　詳在說文解字注

和樂且湛

中庸和樂且耽

樂爾妻帑

中庸釋文本又作斝

伐本六章章六句

伐木丁丁

廣韵朾伐木聲也中莖切丁同朾詩曰伐木丁丁

矧

說文作弞从欠引省聲

伐木許許

說文所伐木聲也从斤戶聲詩曰伐木所所

莤

玉篇云亦作醧　廣韵曰醧酒之美也本亦作莤

坎坎鼓我

說文竷繇也舞也樂有章从章从夅从夊詩曰竷竷舞我　玉裁按說文舞我乃記憶之誤

蹲蹲舞我

說文壿士舞也从士尊聲詩曰壿壿舞我　爾雅坎坎壿壿　五經文字曰壿千旬反詩借蹲字爲之

天保六章章六句

單厚

毛傳單信也　玉裁按釋詁云亶信也是毛以單爲亶之假借字也毛傳又云或曰單厚也　玉裁按詩

逢天僤怒毛云僤厚也正義引釋詁云亶厚也某氏曰詩云僤爾亶厚

吉蠲爲饎

韓詩吉圭爲饎　儀禮士虞禮圭爲而哀薦之饗注圭潔也詩曰吉圭爲饎　周官蜡氏注蠲如吉圭惟饎之圭　大戴禮諸侯釁廟篇曰孝嗣侯某潔爲而明薦之享注引詩潔蠲爲饎是用孝享

禴

說文作礿　禮王制春曰礿鄭注引詩礿祠烝嘗于公先王

神之弔矣

說文迅至也

如月之恒

說文死古文从月詩曰如月之死　陸德明曰恆本

亦作縆

采薇上六章章八句

彼爾維何

說文薾華盛从艸爾聲詩曰彼薾維何

小人所腓

鄭箋腓當作芘戍役之所芘倚

弭

說文弭或作𢐖

魚服

說文箙弩矢箙也从竹服聲周禮仲秋獻矢箙　玉

裁按周語檿弧箕服鄭注周禮引檿弧箕箙

豈不日戒

釋文曰音越又人栗反

杕杜四章章七句

檀車幝幝

釋文曰韓詩檀車緣緣說文緣偏緩也

魚麗六章三章章四句三章章二句

罶

說文罶或作䍡春秋國語曰溝罛䍡

鯊

說文魦魚名出樂浪潘國从魚沙省聲　爾雅鯊鮀

釋文本又作魦

君子有酒旨句且多

釋文有酒旨絕句且多此二字爲句後章放此異此讀則非　玉裁按且此也鄭箋酒美而此魚又多也

詩經小學卷十六

詩經小學卷十七

金壇段玉裁撰

南有嘉魚之什

南有嘉魚四章章四句

烝然罩罩

說文曰烝然䲝䲝从魚卓聲

烝然汕汕

說文引詩烝然汕汕魚游水皃

南山有臺五章章六句

樂只君子

左傳襄二十四年詩云樂旨君子邦家之基杜注小雅言君子樂美其道正義曰旨美也言有樂美之德云云按左傳引詩樂只君子皆作樂旨非一處也而惟淳化本不誤俗本傳文作只昭十三年引詩同

眉壽

困學紀聞曰士冠禮眉壽萬年古文眉作麋博古圖雝公緘鼎銘用乞麋壽萬年無疆　玉裁按麋者眉之假借

蓼蕭四章章六句

零露泥泥

玉篇䓝草根露　廣韻浝浝濃露也亦作泥

豈弟

廣韻曰愷悌詩作豈弟　玉裁按說文有愷無悌禮記引詩凱弟君子載驅齊子豈弟爾雅愷悌發也郭注引詩齊子愷悌

濃濃

玉篇水部曰濃露多也亦作䨶雨部曰䨶䨶露濃皃

和鸞

廣韻鉌鑾亦作和

湛露四章章四句

厭厭夜飲

釋文韓詩作愔愔和悅之皃　李善魏都賦注云韓

詩曰愔愔夜飲愔愔和悅之皃也　說文懕安也从

心厭聲詩曰懕懕夜飲

其桐其椅

初學記引韓詩桐作同

彤弓三章章六句

藏

說文無藏字漢書凡藏皆作臧

一朝右之

爾雅釋詁篇酬酢侑報也　毛傳右勸也與楚茨傳
侑勸也同是以右爲侑也　說文姷耦也或作侑

菁菁者莪四章章四句

菁菁者莪
李善兩都賦注韓詩曰蓁蓁者莪薛君曰蓁蓁盛皃
也　集韵十四清曰詩菶菶者莪通作菁

六月六章章八句

我是用急
鹽鐵論引詩我是用戒顧亭林云當从之　戴先生
曰戒猶備也治軍事爲備禦曰戒譌作急義旨劣矣

急字於韵亦不合　玉裁按謝靈運擬征賦曰宜王用棘於獫狁是六朝時詩本有作我是用棘者爾雅釋言曰悈褊急也釋文曰悈本或作極今本作極譌又作亟詩匪棘其欲鄭箋棘急也正義曰棘急釋言文禮器引詩匪革其猶鄭注革急也正義曰革急釋言文素冠詩毛傳棘急也正義亦曰棘急釋言文彼棘作悈今本作戒譌音義同然則悈極亟棘革戒六字同音義皆急也此詩作棘作戒皆協今本作急者後人用其義改其字耳

閑之維則

小正五月頒馬將閑諸則傳曰頒馬分夫婦之駒也
將閑諸則或取離駒納之法則也
于三十里
三十唐石經作卅三十維物終三十里皆同　玉裁
按二十幷爲廿讀如入三十幷爲卅讀如趿卽反語
之始也秦琅邪刻石文維廿六年梁父刻石文廿有
六年之罘東觀皆云維廿九年會稽云卅有七年皆
四字爲句詩三十字石經作卅是三字爲句不可從
也廣韵注云廿今直以爲二十字卅今直以爲三十
字蓋唐人仍讀爲二十三十不讀入讀趿耳

織文

毛無傳葢讀與禹貢厥匪織文同鳥章帛茷皆織帛爲之鄭箋易爲徽識則其字易作識周禮注左傳注及說文解字皆作徽識詳說文校注

識文鳥章

今本皆作織文者誤識徽識也識幟古今字許君說文鄭君周官注皆作徽識後人別製幟字貞觀時僧元應一切經音義曰幟字舊音與知識之識同更無別音此經文鄭箋譌作織非也徽譌徽者亦非

白旆央央

釋文茷本又作旆繼旐曰茷左傳云蒨茷是也一曰
旆與茷古今字殊　玉裁按旆正字茷假借　出其
東門正義曰傳言荼英荼者六月云白旆英英是白
皃茅之秀者其穗色白　公羊宣十二年注繼旐如
燕尾曰旆疏引孫氏爾雅注云帛續旐末亦長尋詩
云帛旆英英是也　玉裁按從公羊疏作帛旆爲善
正義云以帛爲行旆又云九旗之帛皆用絳言帛旆
者謂絳帛猶通帛爲旃亦是絳也然則孔沖遠作正
義時經文原作帛旆而出其東門正義引白旆英英
明荼是白色周禮司常正義引白旆央央明旆不用

繹由正義不出一人之手唐初本已或誤作白也今當據詩六月正義及公羊疏改定白旆爲帛旆其央央亦當改英英　又按釋名白旆殷旌也以帛繼旐末也其語自相乖違不貫明堂位殷之大白周之大赤周禮建大赤以朝建大白以卽戎大白非帛旆也劉成國既依明堂位云緌有虞氏之旌也綏夏后氏之旌也其下當云大白殷旌也大赤周旌也乃全又其下當云旆以帛繼旐末也乃與爾雅繼旐曰旆孫炎注帛續旐末亦長尋郭璞注帛續旐末爲燕尾者及毛傳帛旆繼旐者也相合今釋名乃缺誤之本耳

輊

軒輊即軒輖既夕禮鄭注輖⿱埶至也作⿱埶至考工記大車之轅摯作摯詩作輊說文有⿱執車無⿱埶至輊潘岳射雉賦如⿰車疐如軒李善曰毛詩如輊如軒輊與⿰車疐同

采芑四章章十二句

菑

說文菑或作甾

奭

五經文字作奭說文作奭　蜀都賦李善注引毛萇詩傳赩赤皃也是其字一本作赩也說文無赩字楚

辭逴龍赩只

軝

說文曰軝或作䩢

瑲瑲

有女同車終南庭燎皆作將將又烈祖約軝錯衡八鸞鶬鶬載見鞗革有鶬皆作鶬又韓奕八鸞鏘鏘禮記然後玉鏘鳴也皆作鏘

隼

說文同鵻一曰鶉也　玉裁按鶉也是鷻也之誤

其飛戾天

後漢書孔融上書薦謝該曰尙父鷹揚方叔翰飛注
引鴥彼飛隼翰飛戾天誤也詩本作其飛文舉易字
麗句耳

伐鼓淵淵
吳才老詩協韵補音序曰詩音舊有九家陸德明定
爲一家之學開元中修五經文字我心慘慘爲懆伐
鼓淵淵爲鼘鼘皆與釋文異乃知德明之學當時亦未
必盡用

振旅闐闐
說文嗔盛气也从口眞聲詩曰振旅嗔嗔　左思魏

都賦振旅輷輷

嘽嘽焞焞

漢書韋[元]成傳引此作嘽嘽推推詩本音曰韋[元]成傳引此作焞焞推推 廣韵輴輴車盛皃今漢書推推葢輴輴之誤

蠻荊

漢書韋[元]成傳作荊蠻來威今按毛云荊州之蠻也然則毛詩固作荊蠻傳寫誤倒易之非也 又按晉語叔向曰楚爲荊蠻韋注荊州之蠻韋正用毛傳爲說 又按齊語萊莒徐夷吳越韋注曰徐夷徐州之夷也此可證荊蠻文法 又按左思吳都賦跨躡蠻

莿李善注引詩蠢爾莿蠻然則唐初詩不誤左思倒字以與幷精坰爲韵　又按後漢書李膺傳應奉疏曰緄前討莿蠻均吉甫之功汲古刻不誤注文盛刻本譌作蠻莿注引詩蠻莿來威作蠻莿者俗人所改易也

車攻八章章四句

我車既攻

石鼓文我車既工

甫草

鄭箋云鄭有甫田　玉裁按謂圃田也周禮豫州澤藪曰圃田爾雅鄭有圃田　王逸楚詞九歎注圃野

也詩曰東有圃草　班固東都賦曰豐圃草以毓獸
李善注云韓詩曰東有圃草薛君曰圃博也有博大
茂草　玉裁按爾雅甫大也葢古甫圃通用　水經
注渠水篇曰中牟圃田澤多麻黃草詩所謂東有圃
草也　馬融傳詩詠圃艸注引韓詩東有圃艸

薄獸于敖

薄今各本作搏非也鄭箋獸田獵搏獸也此釋經文
獸字之義倘經既云搏獸又何煩箋釋乎後人改經
薄字爲搏而經文字法之美鄭氏訓詁之旨皆隱矣
水經注濟水篇曰濟水又東逕敖山北詩所謂薄狩

于敖者也作薄可證獸作狩爲異本耳　又東京賦云薄狩于敖薛注引詩建旐設旄薄獸于敖字皆作薄東京賦作薄狩與水經注同薛注作薄獸與鄭箋同　又按東京注引詩疑是李善注非薛注　又後漢書安帝紀注引詩薄狩于敖今俗本改薄爲搏而狩字不改汲古閣刻作薄狩冊府元龜引亦作薄狩

又按玉裁攷得已上諸條於庚子四月見惠定宇九經古義引徐堅初學記作搏狩爲玉裁所遺又引何邵公公羊注淮南高誘注漢石門頌證狩卽獸字而云若經作搏獸鄭氏之箋不巳贅乎玉裁始曉然

於經文本作薄狩鄭訓狩爲搏獸今本毛詩改狩作獸又因薄搏音相似改薄作搏惠君尙未證明薄字　初學記意主對偶故以薄狩大蒐爲儷猶上文三驅一面下文晉鼓虞旗皆是也今本初學記作搏狩乃淺人妄改　東京賦注作薄獸獸字亦是妄改徐堅在唐初毛詩未誤陸德明釋文搏獸音博舊音傳乃釋鄭箋非釋經文　初學記云獵亦曰狩狩獸也鄭箋言田獵搏獸也此詩經文作薄狩之確證

金舄

毛傳舄達屨也孔沖遠不得其旨而強爲之說　玉

裁按複下曰舄單下曰屨達沓字古通用是重沓之義爾不于狼跋言之而于此言之者金舄謂金飾其下其上則赤也達屨蓋漢人語如此

決拾既佽

決拾周官經繕人作抉拾鄭注引抉拾既次　張衡東京賦決拾既次李善注曰毛詩決拾既次鄭元曰次謂手指相比也　玉裁按毛傳佽利也說文亦曰佽便利也引詩決拾既佽是毛作佽鄭作次也

助我舉柴

說文𢺕積也詩曰助我舉𢺕搣頰旁也从手此聲

又骨部鳥獸殘骨曰骴　張衡西京賦收禽舉胔薛
注胔死禽獸將腐之名

徒御不警
毛傳曰不警警也不盈盈也鄭箋曰反其言美之也
孔沖遠正義曰徒行輓輦者與車上御馬者豈不警
戒乎言其相警戒也君之大庖所獲之禽豈不充滿
乎言充滿也是作警字明甚自唐石經誤作不驚而
各本因之至朱子集傳云不驚言比卒事不讙譁也
不盈言取之有度不極欲也曲爲之說而莫知其誤
矣毛傳曰蕭蕭馬鳴悠悠旆旌言不讙譁也此句言

徒御警戒乃非復贅　文選陸士衡挽歌詩夙駕警徒御注引毛詩徒御不警今俗刻文選譌不驚

允矣君子

禮記緇衣篇詩曰允也君子展也大成

吉日四章章六句

既伯既禱

爾雅既伯既禱伯今本皆脫此字猶輦者之上脫徒字也馬祭也說文禂字下云禱牲馬祭也此見周官甸祝杜子春云禂禱也禂馬爲馬禱無疾禂牲爲田禱多獲禽牲引詩既伯既禱按引既伯證禂馬引既禱證禂牲毛傳伯

馬祖也將用馬力先爲之禱其祖此周禮之禂馬禱
禱獲也此周禮之禂牲正義殊不了又徐鍇說文繫
傳禂字下引詩既禡既禂詩無此語徐鍇引古每多
杜撰不合而徐鉉乃以入說文正文其誤不可不辨

麀鹿麌麌

韓奕麀鹿噳噳

麀

或作麔見說文

其祁孔有

鄭箋祁當作麎麎麋牝也　正義曰注爾雅某氏亦

引詩云瞻彼中原其麎孔有與鄭同

儦儦俟俟

西京賦羣獸駓（文選作駓廣韵引作駓）騃李善注引薛君韓詩章句曰趨曰駓行曰騃　後漢書馬融傳鄙騃譟讙太子賢注引韓詩曰駓駓騃騃或羣或友（今漢書注作俟俟誤）

說文俟大也詩曰伾伾俟俟　玉裁按毛詩儦儦俟俟說文作伾伾俟俟韓詩作駓駓騃騃

詩經小學卷十七

詩經小學卷十八　　金壇段玉裁撰

鴻鴈之什

庭燎三章章五句

鸞聲噦噦

說文鉞車鑾聲也从金戉聲詩曰鑾聲鉞鉞徐鍇曰今俗作鐬以鉞作斧戉之戉非是　玉裁按釆菽鸞聲嘒嘒泮水同庭燎鸞聲噦噦

沔水三章二章章八句一章六句

蹟

說文迹步處也从辵亦聲或作蹟籀文作速　玉裁按以古韵諧聲求之朿賚在十六部亦在弟五部速蹟爲正字李陽冰云李丞相以朿作亦迹字製於李斯也

鶴鳴二章章九句

可以爲錯

說文厝厲石也从厂㫺聲詩曰它山之石可以爲厝

五經文字曰厝見詩詩又作錯經典或竝用爲措字　玉裁按今詩作錯爲厝字之假借也

祈父三章章四句

祈父

鄭箋祈父之職掌六軍之事有九伐之法祈圻畿同

左傳襄十六年叔孫豹見中行獻子賦圻父　玉

裁按書酒誥圻父

靡所底止

說文广部底山居也下也从广氐聲厂部厎柔石也

从厂氐聲或作砥　玉裁按物之下爲底故至而止

之爲底如詩經靡所底止伊於胡底皆是也若厎砥

字同爲厎厲說文明析可據而經書傳寫互譌韵書

字書以砥注礪石也厎注致也至也皆不察之過又

或臆造說文所無之厎厎字此詩靡所厎止詩本音
從嚴氏詩緝作厎謬極　爾雅厎止陸元朗曰字宜
從厂或作底非　玉裁按陸說誤也　馬刻五經文
字底字誤少下一畫

子王之爪牙

玉篇引祈父維王之爪牙

白駒四章章六句

縶

說文馽絆馬也从馬口其足或作縶

所謂伊人

鄭箋伊當作繄繄是也

於焉消搖

後漢書光武十王傳曰消搖彷徉弭節而旋章懷注
引詩於焉消搖

藿

說文藿尗之少也从艸靃聲五經文字曰藿同爾雅
鹿藿又作藿

在彼空谷

李善西都賦幽林穹谷注云韓詩曰皎皎白駒在彼
穹谷薛君曰穹谷深谷也　陸機苦寒行曰俯入穹

谷底注引韓詩在彼穹谷　玉裁按今毛詩作空谷非與韓異本直是譌字爾雅釋詁曰穹大也毛傳正用其語今誤爲空大也古無是訓孔沖遠遷就其說曰以谷中容人隱焉其空必大故云空大非訓空爲大葢知空之不得訓大矣此字之誤在唐以前

毋金玉爾音

釋文曰毋本亦作無

黃鳥三章章七句

不可與明

鄭箋明當爲盟信也

我行其野三章章上八句

言采其遂

本艸羊蹄一名蓄陶隱居曰今人呼名禿菜卽便蓄音之譌詩云言采其蓄　玉裁按圖經云遂或作蓄竝恥六切蓄貞白所據詩作蓄也說文堇同遂

求爾新特

顧亭林詩本音曰今本誤作求我依唐石經及國子監注疏本改正　韓詩求爾新直相當值也

成不以富

顧亭林詩本音曰今本成作誠依唐石經及國子監

注疏本改正　玉裁按論語誠不以富亦祇以異作
誠

斯干九章四章章七句五章章五句

無相猶矣
鄭箋猶當作瘉瘉病也

似續妣祖
鄭箋似讀如巳午之巳巳續妣祖者謂巳成其宮廟
也　此漢人巳午字讀如巳然之巳之證

約之閣閣
玉裁按閣讀如絡毛傳閣閣猶歷歷也　攷工記注

引作約之格格椓之橐橐

橐橐

廣雅櫜櫜聲也左从木

芋

蓋訏之假借也　鄭箋當作幠幠覆也　周禮大司

徒墩宮室注云謂約椓攻堅風雨攸除各有攸字字

作宇

如跂斯翼

玉篇引詩如企斯翼

如矢斯棘

玉篇曰韓詩云如矢斯朸朸木理也　釋文韓詩作朸

朸隅也

如鳥斯革

李善景福殿賦注引毛詩如鳥斯企誤　韓詩如鳥

斯𩊚翅也釋文　玉裁按釋文勒字乃𩊚字之譌王伯

厚詩攷所引不誤張揖廣雅兼採四家之詩釋器云

𩊚翄翼也此用韓詩韓作𩊚與毛作革異字而同音

同訓毛時故有𩊚字以叚噆之濾訓之故曰翼也不

然則訓革爲翼理不可通廣韵𩊚翅也古核切本韓

詩也

如翬斯飛
唐元度九經字樣誤作有翬斯飛
噲噲噦噦
鄭箋云噲噲猶快快也噦噦猶煟煟也
朱芾斯皇
文選韋孟諷諫詩注毛詩曰朱黻斯皇曹植責躬詩注毛詩曰朱茀斯皇茀與紱同蒼頡篇曰紱綬也
玉裁按芾黻茀皆市之假借字也說文市韠也上古衣蔽前而已市以象之篆文作韍　玉藻作韍
載衣之裼

釋文曰韓詩作襘　說文襘緐也从衣會聲詩曰載衣之襘　玉裁按毛詩作裼字之假借也

無羊四章章八句

其角濈濈

釋文濈本又作⿰角咠又作戢

或寢或訛

釋文曰訛韓詩作譌譌覺也　玉裁按訛當同破斧兔爰作吪爾雅訛動也說文作吪無訛字

蓑

說文衰艸雨衣秦謂之萆从衣象形無蓑字

三十維物

三十唐石經作卅

不騫

毛傳騫虧也正義曰崔氏集注虧作曜　玉裁按當從集注後人不解曜字因改之耳天保傳不虧言山此傳不曜言牛羊也攷工記大胷燿後鄭注燿讀爲哨頃今傾字作頎譌小也燿曜古通用

肱

說文厷臂上也或作肱

詩經小學卷十八

詩經小學卷十九

金壇段玉裁撰

節南山之什

節南山十章六章章八句四章章四句

憂心如羙

釋文曰韓詩作炎字書作惔說文作𤆍小爇也才廉反　正義曰如惔之字說文作𤆍訓爲小埶也　玉裁按今本說文小埶爲小爇當是小爇又引詩憂心𤆍𤆍依陸氏孔氏當作憂心如𤆍若如今本則陸孔未由定爲此句之異文　說文羙小爇也从火羊聲

詩曰憂心如羙　玉裁按羙羊聲羊讀如飪今誤作炗干聲非也小爇一作小熱一作小孰皆非也詩曰憂心如羙今本說文誤爲憂心炗炗尤非也節南山釋文正義皆引說文作憂心如羙可證此詩如羙韓詩作如炎不知何人加心作惔惔憂也豈憂心如憂乎又於說文惔字解說內妄加詩曰憂心如惔六字又於羙字解說內妄改憂心炗炗而毛詩之眞沒矣毛傳於此曰羙燔也瓠葉傳曰加火曰燔說文曰燔爇也羙小爇也爇加火也正本毛詩而今毛詩譌炎改惔矣雲漢如炎如焚毛傳曰炎燎也而今本亦譌

惔矣

天方薦瘥

說文𤰝殘田也詩曰天方薦𤰝

憯莫懲嗟

當作朁

維周之氐

鄭箋當作桎鎋之桎

秉國之均

漢書律歷志三十斤爲鈞鈞者均也詩云尹氏大師

秉國之鈞

天子是毗

說文作𣬈人齎也今作毗通爲𣬈輔之𣬈毛詩節南山傳毗厚也采叔傳膍厚也是𣬈膍又通用也

不宐空我師

毛傳空窮也　玉裁按七月傳穹窮也說文用之此空我師當作穹我師爲是傳譌抑或假借未可定也

毛詩空谷韓詩作穹谷

勿罔君子

鄭箋勿當作未

瑣瑣

爾雅釋文瑣亦作璅

昊天不傭

韓詩作庸庸易也釋文

誰秉國成

禮記緇衣篇詩云昔吾有先正其言明且清國家以寧都邑以成庶民以生誰能秉國成不自爲政卒勞百姓陸德明云昔吾有先正至庶民以生總五句今詩皆無餘在小雅節南山篇或皆逸詩也誰能秉國成毛詩無能字

四牡項領

毛傳項大也　玉裁按毛以項爲洪之假借字

正月十三章八章章八句五章章六句

憂心愈愈

爾雅瘐瘐病也郭注賢人失志懷憂病也邢疏引詩

憂心愈愈

伊誰云憎

鄭箋伊讀當爲緊緊猶是也

局

陸德明曰本又作跼　江賦注引聲類偏舉一足曰

跼蹐詩不敢不局加足者誤　薛綜西京賦注作不

敢不跼

不敢不蹐

說文足部蹐小步也从足脊聲詩曰不敢不蹐　走部趚側行也从走朿聲詩曰謂地蓋厚不敢不趚

胡爲虺蜴

說文易蜥易蝘蜓守宮也象形在壁曰蝘蜓在艸曰蜥易　玉裁按說文無蜴字方言守宮或謂之蜥易其在澤中者謂之易蜴脈蜴郭注蜴皆音析蓋蜴卽蜥之或體易蜴卽蜥易之倒文猶螽斯亦曰斯螽也說文虺字注引詩胡爲虺蜥毛詩作胡爲虺蜴蜴當

讀析虺蜴即虺蜥也俗用蜥蜴成文爲重複古人言
蜥易　釋文蜴星歷反字又作蜥　五經文字蜴先
歷反

褒姒威之

左氏傳昭公元年引詩赫赫宗周褒姒滅之

亦孔之炤

中庸篇詩云潛雖伏矣亦孔之昭陸德明云本又作
炤

憂心慅慅

毛傳慅慅猶慼慼也慅在二部慼在三部音近轉注

今本作慘誤

佌佌彼有屋

說文佌小皃从人囟聲詩曰佌佌彼有屋

蔌蔌方穀

陸德明云或多有字者誤也　玉裁按佌佌彼有屋富者也而方受祿於朝民今之無祿煢獨者也而又君天之在位椓之故曰哿矣富人哀此煢獨佌佌二句非以屋穀爲儷也今皆仍誤本唐石經亦誤　後漢書蔡邕傳速速方轂天夭是加太子賢注曰詩小雅曰速速方穀天夭是椓鄭箋云穀祿也韓詩亦同

此作轂者蓋謂小人棄寵方轂而行方猶並也劉攽曰正文天天是加上天當作天據今詩文正然　玉裁按後漢書蔡作聾天作夭皆是譌字錢唐張賓鶴曰親見蜀石經作天夭是蜀本誤耳

蔌蔌

爾雅速速蹙蹙惟逑鞫也郭注陋人專祿國侵削賢士求哀念窮迫

哀此惸獨

孟子詩云哿矣富人哀此煢獨

十月之交八章章八句

朔月辛卯

漢書劉向上災異封事引詩朔月辛卯　後漢書章帝紀注內引詩朔月辛卯日有食之　後漢書丁鴻傳引詩朔月辛卯（明汪文盛校刊後漢書不誤而汲古閣妄改之）呂祖謙讀詩記作朔月辛卯　明馬應龍孫開校刻毛詩鄭箋本作朔月辛卯　正義云朔月辛卯之日又云按此朔月辛卯　玉裁按唐石經朔月辛字今剝落補缺者作朔日不攷古之過古月朔謂之朔月如玉藻篇朔月太牢朔月少牢是也

日有食之

劉向上災異封事引詩朔月辛卯日有蝕之亦孔之醜

日月告凶

劉向上災異封事引詩日月鞠凶　玉裁按古告鞠二字同部同音故假鞠爲告采芑傳云鞠告也言鞠爲告之假借也

爗爗震電

說文引爗爗震電玉逸注遠遊引詩曅曅震電

百川沸騰

說文滕水超涌也从水朕聲涌滕也　玉篇詩曰百

川沸騰水上涌也

山冢崒崩

劉向上災異封事引詩山冢卒崩

番

本亦作潘韓詩作繇釋文古今人表作司徒皮說詩惠

氏九經古義

家伯維宰

顧亭林詩本音曰今本誤作冢宰依唐石經及國子

監注疏本改正按鄭康成周禮注引詩家伯維宰宋

史趙師民傳引詩家伯維宰　玉裁按古今人表大

宰家伯今本家字譌冢而惠氏九經古義據之其誤不可不辨

仲允膳夫

古今人表有膳夫中術師古曰卽所謂中允膳夫也

豔妻煽方處

正義曰中候擿雒貳云剡者配姬以放賢剡豔古今字耳以剡對姬剡爲其姓以此知非褒姒也　說文傓熾盛也从人扇聲詩曰豔妻傓方處　漢書谷永傳曰昔褒姒用國宗周以喪閻妻驕扇日以不臧師古曰閻嬖寵之族也扇熾也臧善也魯詩小雅十月

之交篇曰此日而食于何不臧又曰閻妻扇方處言厲王無道內寵熾盛政化失理故致災異日爲之食爲不善也

抑此皇父

鄭箋曰抑之言噫

黽勉從事

劉向上災異封事引詩蜜勿從事　玉裁按蜜勿爾雅作蠠沒古勿字亦讀如沒蜜蠠同字今作密勿非也　潘岳詩僶俛恭朝命注引毛詩僶俛從事　玉裁按五經文字曰僶莫尹反僶勉之僶字書無此字

經典或借黽字爲之經典釋文曰黽本亦作僶莫尹反然則舊本多作僶今人只依開成石經作黽勉耳

讒口囂囂

釋文曰韓詩作嗸嗸　劉向上災異封事引詩讒口嗸嗸

噂

說文人部僔聚也从人尊聲詩曰僔沓背憎又口部引噂沓背憎　唐石經誤作蹲又于石上改正

沓

本又作誻

悠悠我里

爾雅悝憂也郭注云詩曰悠悠我悝　爾雅痗病也郭注云見詩玉篇引詩悠悠我痗　玉裁按毛傳里病也鄭箋云里居也釋文所引極明但依爾雅痗病也郭云見詩則毛詩本作痗後因鄭箋改作里幷改傳病字爲居字鄭箋自是易字而景純注悝憂也又引悠悠我悝是一人所見本復不同耳

雨無正七章二章章十句二章章八句三章章

六句

昊天疾威

陸德明釋文作旻天曰本有作昊天者非也　正義曰上有昊天明此亦昊天定本皆作昊天俗本作旻誤也　詩本音曰今本作旻天鄭氏箋作昊天按此章上文及下章皆云昊天則作昊爲是其作旻者因大雅召旻之文而誤也唐石經依鄭作昊　玉裁按小旻召旻皆有旻天疾威之句爾雅曰春爲蒼天夏爲昊天秋爲旻天冬爲上天毛公曰尊而君之則稱皇天元气廣大則稱昊天仁覆閔下則稱旻天自上降鑒則稱上天據遠視之蒼蒼然則稱蒼天毛說勝於爾雅昊天言其大故曰浩浩旻天言其仁故曰疾

威疾其以刑罰威恐天下也言各有當作旻天疾威
者是鄭箋王既不駿昊天之德今旻天又疾其政以
刑罰威恐天下
淪胥以鋪
漢書敘傳曰嗚呼史遷薰胥以刑晉灼曰齊魯韓詩
作薰薰帥也從人得罪相坐之刑也師古曰雨無正
淪胥以鋪韓詩淪字作薰　後漢書蔡邕傳下獲熏
胥之辜太子賢注曰詩小雅若此無罪熏胥以痛熏
帥也胥相也痛病也言此無罪之人而使有罪者相
帥而病之是其大甚見韓詩　玉裁按毛傳淪率也

與韓義同而字異鄭箋鋪徧也韓作痡病也則義字
皆異淪熏之爲率者於音求之

莫肯用誶

詩本音曰徐邈音息悴反按此當作誶與墓門同

聽言則答

顧亭林曰新序漢書皆作聽言則對　玉裁按對在
十五部答在第七部古借答爲對異部假借也論語
多作對孟子多作答詩書以答爲對皆屬漢後所改
如聽言則答新序漢書作對尙書奉答天命伏生大
傳作對可徵也

維曰于仕

毛傳于往也鄭箋云往仕乎今各本皆誤作予仕

鼠思

朱子曰猶言癙憂也　玉裁按爾雅釋文曰癙詩作

鼠

小旻六章三章章八句三章章七句

謀猷回遹

幽通賦叛回穴其若茲兮曹大家注回邪穴僻也韓

詩曰謀猷回穴　釋文韓詩作欥　西征賦事回泬

而好還注引韓詩謀猷回泬

潝潝訿訿

劉向上災異封事引詩歙歙訿訿　說文曰呰呰不思稱意也詩曰翕翕呰呰　爾雅翕翕訿訿莫供職也

伊子胡底

詩本音作厎古無此字

是用不集

朱子曰韓詩是用不就　左氏傳引詩亦作集　玉裁作詩經韵表以集讀就爲合韵東原先生與書曰江愼修先生以厭集爲韵可從也

民雖靡膴

陸德明釋文曰韓詩作民雖靡膴　鄭箋膴法也蓋
以爲模字假借
如彼泉流
顧亭林曰今本誤作流泉依唐石經及國子監注疏
本改正
馮河
說文淜無舟渡河也从水朋聲馮馬行疾也从馬仌
聲　玉裁按馮河當作淜河字之假借也說文㐬字
下引易用馮河
小宛六章章六句

翰飛戾天

西都賦警厲天注引韓詩翰飛厲天薛君曰厲附也

玉裁按厲天猶俗云摩天

螟蛉有子蜾蠃負之

說文螟蠕桑蟲也蠕蠃蒲盧細要土蠭也天地之性細要純雄無子詩曰螟蠕有子蠕蠃負之蠕或作蜾

塡寡

韓詩作疹苦也釋文

宜岸

說文豻胡地野狗或作犴詩曰宜犴宜獄 釋文曰

岸如字韋昭注漢書同韓詩作犴曰鄉亭之繫曰犴朝廷曰獄　廣韵犴獄也　後漢書皇后紀圄犴之下李善注引毛詩宜犴宜獄毛當作韓

小弁八章章八句

弁

漢書杜欽傳小卞之作　玉裁按古無卞字弁之隸變也凡弁聲反聲之字多省从卞

鸒斯

說文作鷽　爾雅鸒斯鵯鶋釋文曰斯本多無此字案斯是詩人協句之言後人因將添此字也而俗本

遂斯翁作鳥謬甚　詩正義斯語辭以劉孝標之博學而類苑鳥部列鷽斯一類是不精也

提提

說文翄翼也或作𦐚　玉裁按左思魏都賦𦐚𦐚精衞𦐚𦐚飛皃卽提提也

惄焉如擣

釋文擣本或作㨶同韓詩作疛　說文疛小腹痛也與毛傳心疾也相近楊用修引易林心春釋之非也

屬毛罹裏

趙宧光毛作褭罹作務臆說不可從

鳴蜩嘒嘒
爾雅儵儵嘒嘒罹禍毒也郭注悼王道穢塞羨蟬鳴
自得傷已失所遭讒賊釋文云儵樊本作攸
伎伎
釋文亦作跂
雊
夏小正雉震呴傳曰呴也者鳴也震也者鼓其翼也
初學記引之　殷本紀雉登鼎耳而呴正義引詩雉
之朝呴
譬彼壞木

爾雅瘣木苻婁郭注謂木病尪傴癭腫無枝條　說文瘣病也从疒鬼聲詩曰譬彼瘣木　爾雅釋文曰樊光引詩云譬彼瘣木疾用無枝

尙或墐之

說文殣道中死人人所覆也从歺堇聲詩行有死人尙或殣之　玉裁按左氏傳曰道殣毛詩作墐墐塗也字之假借

扡

詩本音譌爲扡

巧言上六章章八句

亂如此幠

爾雅釋詁幠大也幠有也方言幠大也說文幠覆也斯干鄭箋幠覆也　玉裁按此篇毛傳幠大也字从巾無聲幠爲大亦爲有郭氏爾雅注引遂幠大東是也亦爲覆鄭箋以君子攸芋爲君子攸幠是也三義實相通斯干正義引亂如此幠郭氏爾雅注引亂如此幠唐石經及今本作憮不攺之過也爾雅釋言幠傲也亦與大義相近投壺篇毋幠毋傲此篇鄭箋易傳曰幠敖也鄭亦作幠後人幠多誤憮方言幠大也誤作憮又漢書君子之道焉可幠也幠同也正與大

義覆義相近今亦誤作憮爾雅憮撫也說文憮愛也字从心不得與幠溷幠火吳反憮亡甫反

僭始既涵

毛傳僭數也蓋以爲譖字

躍躍毚兎

史記春申君列傳詩云趯趯毚兎遇犬獲之注引韓嬰章句當云韓詩章句曰趯趯往來皃獲得也言趯趯之毚兎謂狡兎數往來逃匿其迹有時遇犬得之

居河之麋

爾雅水草交爲湄郭注詩曰居河之湄釋文湄本或

作湄𣻌溦𤃭四字　玉裁按蒹葭曰在水之湄

無拳無勇

說文捲气勢也从手卷聲國語曰有捲勇按今本國語子之鄉有拳勇

說文𡗜大皃或曰拳勇字

既微且尰

爾雅釋文微字書作癓尰本或作尰竝籀文𡰝字也

說文𡰝脛气足腫从尢童聲詩曰既微且𡰝籀作尰

何人斯八章章六句

我心易也

韓詩我心施也施善也見詩釋文

麃

說文䶬或作麃

䶬

玉篇曰䶬姡也埤蒼作䶬字書亦作醧

巷伯七章四章章四句一章五句一章八句一章六句

萋兮斐兮

說文緀白文皃詩曰緀兮斐兮

哆兮侈兮

說文誃字注引詩侈兮哆兮王伯厚詩攷引之而作

誃兮哆兮其所據本侈譌作誃也又引崔靈恩集注本作侈兮哆兮然則毛詩古本上侈下哆唐後乃倒易之或云毛傳鄭箋皆言因箕星之哆而侈大之似今本爲是玉裁謂傳箋釋其義耳經文謂所侈大者乃其本哆口者也侈大之而成是南箕矣文意如此

又按因箕星之哆而侈大之此自鄭說非毛說也詩緀斐哆侈皆一句中用韵緀斐爲重字則哆侈亦重字也毛傳當云哆侈大皃猶上章云萋斐文章相錯也又云哆侈之言是必有因也云云此釋成是南箕亦即釋成是貝錦也轉寫改竄遂不可讀說文今

本譌幷崔氏集注出於讀詩記者恐未可信不必從上侈下哆之本也王子七月閱臧氏琳經義襍記因爲定說如此　小徐說文本作一曰若詩云侈兮之侈同　爾雅誃離也郭注誃見詩邢疏云卽侈兮之異文　玉裁按當爲哆兮之異文古哆誃同音也

緝緝翩翩

說文咠聶語也从口从耳聶附耳私小語也詩曰咠咠幡幡　玉裁按咠咠者緝緝之異文幡幡二字當云翩翩而誤舉下章之幡幡猶引生民或舂或臽而誤云或簸或臽也

驕人好好

爾雅旭旭蹻蹻憍也　玉裁按蹻蹻釋板之小子蹻蹻也旭旭詩無其文郭音呼老反是爲毛詩好好之異文無疑攷詩匏有苦葉釋文引說文旭讀若好今俗本說文讀若勖葢後人臆改

取彼譖人

緇衣篇鄭注引取彼讒人釋文云本又依詩作譖人

作而作詩

釋文曰作爲此詩一本云作爲作詩　玉裁按爲字誤當是一本云作而作詩也正義曰當云作而賦詩

定本云作爲此詩　玉裁按據此則孔氏正義原是作而作詩也正義又曰定本箋有作起也作爲也二訓自與經相乖　玉裁按經文作而作詩起也釋弟一作字爲也釋弟二作字故下云孟子起而爲此詩定本既改云作爲此詩而猶存此箋可攷正義依古本作而作詩乃刪作爲也三字誤矣此句一譌作爲作詩再改作爲此詩凡一句內字同義異爲注以分別之如昔育恐育鞫鄭箋云昔育之育稚也育鞫之育則從毛傳長也之訓巷伯此句正類此其他如于以采蘩于沼于沚毛傳蘩皤蒿也于於也分別于沼

之于不同于以之于訓往

詩經小學卷十九

詩經小學　卷十九　一九

詩經小學卷二十

金壇段玉裁撰

谷風之什

蓼莪六章四章章四句二章章八句

莪

洪适隸釋曰周禮注云儀義二字古皆音俄愚按漢孔耽神祠碑竭凱風以惆憀惟蓼儀以愴悢平都相蔣君碑感慕詩人蓼蓼者儀並以儀爲莪衛尉卿衡方碑感衛人之凱風悼蓼義之劬勞司隸校尉魯峻碑悲蓼義之不報痛昊天之靡嘉並以義爲莪　玉

裁按此古義儀字讀如俄之證

缾之罄矣

說文窒空也从穴巠聲詩曰缾之窒矣

拊我畜我

東原先生云畜當爲慉說文慉起也此詩鄭箋云畜起也明是易畜爲慉

大東七章章八句

周道如砥

孟子引詩周道如厎　玉裁按說文厎柔石也或作砥　王逸招魂注引詩其平如砥誤也

杼軸

釋文曰柚本又作軸　玉裁按機軸似車軸故同名柚是橘柚字因杼字从木而改軸亦从木非也

佻佻公子行彼周行

王逸九歎注引詩苕苕公子行彼周道　李善魏都賦注引爾雅嬥嬥契契愈遐急也　廣韵上聲二十九篠曰嬥嬥往來皃韓詩云嬥歌巴人歌也

氿泉

爾雅氿泉穴出穴出仄出也說文厬仄出泉也从厂晷聲　玉裁按爾雅以仄出泉為氿說文以水厓枯

土爲氿爾雅以水醮爲厬說文以仄出泉爲厬是氿厬二字爾雅與說文互易其訓也

檴薪

鄭箋檴落木名釋文曰依鄭則宜作木旁　玉裁按檴木名同樗見說文

哀我憚人

爾雅癉勞也郭注引詩哀我癉人釋文曰癉或作憚

舟人之子熊羆是裘

鄭箋舟當作周裘當作求聲相近故也

鞙鞙佩璲

爾雅皋皋琄琄刺素食也釋文亦作鞙或作贙

跂彼織女

說文𢻫頃也从匕支聲匕頭頃也詩曰𢻫彼織女

不可以服箱

李善思〔元〕賦注引詩睆彼牽牛不可以服箱與下文不可以簸揚不可以挹酒漿句法一例鄭箋云以用也不可用於牝服之箱爲下文二不可以舉例也今各本脫可字

東有啟明

爾雅明星謂之启明　困學紀聞曰大戴禮四代篇

引詩云東有開明避漢景帝諱也

西有長庚

毛傳庚續也　玉裁按孔沖遠尚書疏曰詩云西有長賡毛傳以賡爲續賡庚同音而說文云賡古文續以爲卽續字未詳

四月八章章四句

徂暑

毛曰徂往也鄭曰祖始也按鄭葢易爲祖字爾雅曰祖始也今文尚書曰黎民祖飢

百卉具腓

爾雅痱病也郭注見詩　文選謝靈運戲馬臺詩李善注曰韓詩曰百卉具腓薛君曰腓變也毛萇曰痱病也今本作腓字非　玉裁按據善注則毛詩本作痱韓作腓腓爲假借字今毛詩本誤从韓作腓非也

亂離瘼矣

潘岳關中詩亂離斯瘼日月其稔李善注曰言亂離之道於此將散韓詩曰亂離斯莫爰其適歸薛君曰莫散也毛詩曰亂離瘼矣毛萇曰瘼病也今此既引韓詩亦爲莫字　玉裁按趙元叔刺世疾邪賦曰原斯瘼之攸興實執政之匪賢說苑曰詩不云乎亂離

斯瘼爰其適歸此傷離散以爲亂者也說苑與薛君合葢韓詩作斯莫亦有作斯瘼者耳

奚其適歸

朱子集傳曰家語作奚　顧亭林曰古本並作爰左氏宣十二年傳引此亦作爰杜氏注爰於也言禍亂憂病於何所歸乎朱子依家語改作奚　常璩華陽國志引亂離瘼矣奚其適歸疑三家詩有作奚者

廢爲殘賊

毛傳廢大也本釋詁文郭注爾雅引廢爲殘賊正用毛義鄭箋云言大於惡申毛而非易毛也陸德明本

作怢也云一本作廢大也此是王肅義未之深察矣

匪鶉匪鳶

說文𪁙雕也从鳥敦聲詩曰匪𪁙匪鳶　玉裁按今毛詩鶉爲𪁙之譌鳶爲鳶之譌說文無鳶字鳶卽鳶也集韵以鳶爲古鳶字今鳶譌爲鳶又譌入二仙其誤已久如曹子建名都篇已讀如今音

北山六章三章章六句三章章四句

四牡彭彭

說文騯馬盛也从馬旁聲詩曰四牡騯騯　說文又引詩四牡駫駫也

或盡瘁事國
漢書五行志引詩或盡顇事國　左氏傳昭八年引
詩或燕燕居息或憔悴事國
慘慘
釋文曰亦作懆　玉裁按作懆是也
偃仰
釋文云卬本又作仰
無將大車三章章四句
祇自疧兮
唐石經作疧與白華疧字皆明晝　玉裁按爾雅釋

詁篇疷病也說文疷病也从疒氏聲詩經三用此字爲韵小雅白華與卑韵毛傳云疷病也何人斯祇與易知篪知斯韵毛傳云祇病也此皆弟十六部本音何人斯借地祇字爲之於六書爲假借若無將大車之疷毛傳亦云病也而與弟十二部之塵韵讀若貭此古合韵之例宋劉彝妄謂當作痻音民孜爾雅說文五經文字玉篇廣韵皆無痻字集韵始有痻字非古元戴侗謂即㽥字之省不知㽥从疒昏聲昏聲在十三部民聲在十二部桑柔㽥與慇辰韵不得與塵韵也說文云昏从日从氐省氐者下也一曰民聲按

昏从氏省爲會意字非民聲痻字昏聲不得省爲疷也唐人避廟諱愍作愍珉作珉泯作汦昬作昬顧炎武以唐石經祇自疷兮爲諱民滅畫作氏之字由不知古合韵之例而附會從劉彝臆說以求得其韵猶匏有苦葉之改軓爲軌以韵牡也　張衡賦思百憂以自疢　玉裁按疢與疷音近禮記眕於鬼神鄭注眕或爲祇也又說文觗一作䚮又古狝氏讀如權精於此可求合韵之理　顧亭林曰或作疷誤　玉裁按釋文都禮反是唐初誤作疷也

小明五章三章章十二句二章章六句

睠睠懷顧

王逸九歎注引詩眷眷懷顧

日月方奧

爾雅燠煖也說文無燠字

心之憂矣自詒伊慼

雄雉篇正義曰箋以宣二年左傳趙宣子曰嗚呼我之懷矣自詒伊慼小明云自詒伊慼爲義既同明伊有義爲緊者故此及蒹葭東山白駒各以伊爲緊小明不易者以伊慼之文與傳正同爲緊可知此云自詒伊阻小明云心之憂矣宣子所引竝與此不同者

杜預云逸詩也故文與此異　玉裁詳此正義正謂左傳自詒繄慼字作繄詩小明自詒伊慼字作伊鄭箋於此得其例知古假伊為繄是以蒹葭東山雄雉白駒皆易伊為繄也今本正義譌誤致不可通而左傳自詒繄慼俗本又改為伊慼葢古書未有不挍而可讀者

鼓鍾四章章五句

懷允不忘

明馬應龍本作永懷不忘誤

伐鼛

攷工記作皐鼓

憂心且妯

說文怞朖也詩曰憂心且怞

以雅以南

毛傳東夷之樂曰昧南夷之樂曰南西夷之樂曰朱離北夷之樂曰禁　玉裁按明堂位曰任南蠻之樂也古任南同音通用　後漢書陳禪傳曰古者合歡之樂舞於堂四夷之樂陳於門故詩云以雅以南韎任朱離章懷注曰毛詩無韎任朱離之文葢見齊魯之詩也　玉裁按韎任朱離自見毛詩傳陳禪合經

傳以證四夷之樂而不知南任一也章懷偶未省照耳

楚茨六章章十二句

楚楚者茨

鄭康成注玉藻趨以采齊當爲楚薺之薺呂祖謙曰當康成之世字作薺　玉裁按說文薺蒺蔾也引詩牆有薺今毛詩亦作牆有茨　王逸注離騷引詩楚楚者薋誤也說文薋艸多皃　玉裁按古所云采薺疑卽楚茨采楚異部而音近也

我蓺黍稷

說文埶種也从坴丮持而種之詩曰我埶黍稷　玉裁按說文無蓺字

我黍與與

釋文與音餘　玉裁按張平子南都賦其原野則有桑黍麻苧菽麥稷黍百穀蕃廡翼翼與與然則漢人讀上聲也

我稷翼翼

廣韵穓黍稷蕃蕪皃亦作翼

億

說文億安也从人啻聲意滿也一曰十萬曰意从心

啻聲洪适隸釋所載泰山都尉孔宙碑樊毅修華嶽碑司隸校尉魯峻碑竝書億作啻巴郡太守張納碑書億作意小黃門譙敏碑書億作⿰亻啻　玉裁按當从說文以意爲億兆正字

以享以祀

今俗本享誤作饗

祝祭于祊

說文鬃門內祭先祖所以徬徨也从示彭聲詩曰祝祭于鬃或作祊

先祖是皇

鄭箋皇暀也
爾雅釋詁篇嘆定也郭注曰見詩釋文嘆本亦作莫
莫莫
交錯
毛傳東西爲交邪行爲錯說文作这逪經典中用錯
字多屬假借獻酬交錯應作这逪可以攻錯應作攻
厝錯綜其數應作縒綜舉直錯枉應作舉措攷說文
逪这逪也厝厲石也縒參縒也廣韵縒倉各切縒綜
亂也措置也錯金涂也何以報之金錯刀乃錯字本
義

酢

說文酢醶也从酉乍聲醋客酌主人也从酉昔聲

玉裁按今俗所用與說文互異儀禮酬酢字作醋漢人注經云味酢者皆謂酸也

熯

玉裁按毛傳熯敬也本諸釋詁但熯字本義是乾皃非敬說文曰戁敬也則此熯字是戁字之假借音而善反長發傳曰戁恐也各隨其立辭釋之敬者必恐

懼

苾芬孝祀

韓詩馥芬孝祀薛君曰馥香皃也見李善蘇武詩注

如幾

薄送我畿正義曰畿者期限之名周禮九畿及王畿千里皆期限之義故楚茨傳曰畿期也　玉裁按據此當作如畿如式

既齊既稷

鄭箋稷之言卽也

既匡

鄭箋作筐匪

既敕

唐石經及舊本皆作勑今作勅廣韵勑誡也勅同今相承作勑勑本音賚　玉裁按說文勑誡也勑勞勑也

鐘鼓送尸

今本多作鼓鐘攷鼓鐘將將鼓鐘伐鼛傳云鼓其淫樂正義云鼓擊其鐘白華鼓鐘于宮正義亦云鼓擊其鐘此詩上文曰鐘鼓旣戒此不應變文宋書禮志四兩引皆曰鐘鼓送尸正義云鳴鐘鼓以送尸是唐初不作鼓鐘而開成石經誤本流傳至今也

神保聿歸

宋書樂志一引神保遹歸又引注歸於天地也今本

鄭箋歸於天也無地字

稽首

說文作䭫

信南山六章章六句

維禹甸之

韓詩維禹敶之見顏師古注急就章　周官經稍人

注上棄四上爲甸甸讀如維禹敶之之敶同

畇畇原隰

爾雅釋文曰畇本或作昀　鄭注周禮引畇畇原隰

見地官均人注

霢

說文作霢

既優既渥

說文瀀澤多也从水憂聲詩曰既瀀既渥

既霑既足

玉裁按當作沾鄭司農注攷工記曰腥讀如沾渥之渥又漢曹全碑鄉明治惠沾渥說文沾沾益也　說文泥濡也　玉裁按信南山疑當作既沾既泥

戔戔

說文戫有文章也从有𢦏聲𢦏水流也从川或聲

玉裁按毛詩假彧爲戫隸省𢦏爲彧　廣韻稶稶黍稷盛皃

騂

說文無

取其血膋

說文膫牛腸脂也从肉尞聲詩曰取其血膫膫或作膋从肉勞省聲

苾苾芬芬

以楚茨推之此句韓詩當作馥馥芬芬

先祖是皇

鄭箋皇之言暀也

詩經小學卷二十